Practice of Financial Leasing

融资租赁业务实务

——项目租赁

张国俊◎著

中国经济出版社
CHINA ECONOMIC PUBLISHING HOUSE
·北 京·

图书在版编目（CIP）数据

融资租赁业务实务：项目租赁/张国俊著.
--北京：中国经济出版社，2021.2
ISBN 978-7-5136-6422-6

Ⅰ.①融… Ⅱ.①张… Ⅲ.①融资租赁-研究
Ⅳ.①F830.8

中国版本图书馆 CIP 数据核字（2021）第 030713 号

责任编辑　张梦初　陈宇慧
责任印制　巢新强
封面设计　任燕飞

出版发行　中国经济出版社
印 刷 者　北京柏力行彩印有限公司
经 销 者　各地新华书店
开　　本　710mm×1000mm　1/16
印　　张　13.5
字　　数　230 千字
版　　次　2021 年 2 月第 1 版
印　　次　2021 年 2 月第 1 次
定　　价　68.00 元
广告经营许可证　京西工商广字第 8179 号

中国经济出版社 **网址** www.economyph.com **社址** 北京市东城区安定门外大街 58 号 **邮编** 100011
本版图书如存在印装质量问题，请与本社销售中心联系调换（联系电话：010-57512564）

编 写 人 员

（按姓氏笔画排序）

孙中俊　罗　平　和立飞　范　星
郎秋静　周　蓉　贺春雷　南　洋
洪　晶　高小月　聂伟柱　高克勤
鲁秉毅

作者简介

张国俊，男，汉族，1960年12月出生，四川乐山人，会计学硕士，高级会计师，中共党员。18岁参军，其间考入解放军总后勤学校学习。1984年集体转业转入铁道部十六工程局（后改制为中铁十六工程局集团公司，以下简称十六局）工作，先后担任会计、科长、处长（部长）等多个岗位职务；之后担任中国铁建电气化局（以下简称电气化局）集团公司党委常委、董事、副总经理、总会计师、总法律顾问等职务；2016年起，先后任中铁建资产管理公司董事、总经理、党委副书记，中铁建金融租赁有限公司（以下简称中铁金租）党委书记、副董事长；中铁建资本控股集团党委副书记、董事（正职）。

拥有30多年建筑企业及5年金融行业从业经历，对财务会计、工程造价、成本管理、法律风控、信息化、投资融资、金融租赁等专业和领域进行过深入研究。发表了大量专业论文，取得一批有价值和分量的研究成果。其中，《现金流量表编制办法》荣获铁道部软科学研究成果二等奖并出版作为全路参考用书，《信息化建设与精益财务转型研究》获全国国有企业财务管理创新成果一等奖，《论企业上市后财务工作面临的主要变化及其对策》获“全国经济建设与社会发展优秀论文”一等奖，《铁路四电工程项目责任成本管理操作流程》获中国铁道部财会学会软科学研究成果一等奖，《关于施工企业财务风险的研究》《网状股权结构下收益确认和利润分配方法的研究》等课题获铁道部财会学会软科学研究成果二等奖；主持编写的《融资租赁标的物研究》等获行业好评。先后荣获中国铁道财务会计学会学术研究工作先进个人、中国施工企业管理协会工程建设行业信息化突出贡献个人、北京市经济技术标兵、中国数字化转型年度领军人物，天津市企业家队伍建设“111工程”杰出企业家等诸多荣誉。

在十六局工作期间，对财经管理实施一系列重大改革创新，其中的措施及成果得到了行业及主管部门充分认可；在电气化局工作期间，通过加强信息化和法律合规建设，实施业财一体化管理，推动企业取得了工程无垫资、项目无亏损、债权无坏账、公司无贷款、职工薪酬无拖欠、货币资金连年增多（货币净存超过120亿元）的良好财务业绩；在中铁金租工作期间，坚持“服务主业、服务实体、以融促产、产融结合”定位，确立了“安全第一、适度规模、依法合规、行稳致远”发展理念，建立的以租促销、以租促揽、以租促收、以租代购、以租带建的“三促两代（带）”租赁服务模式，既有效地解决了租赁业务集中度和客户交易关联度问题，又发挥了融资租赁产融协同效应。几年时间，中铁金租构建起独具特色的租赁业务体系，资产规模快速增长，其主要经济指标跻身国内金融租赁行业先进行列，中铁金租也成为国内最大的盾构机租赁商，当选中国银行业协会金融租赁专业委员会副主任单位，荣获全球租赁业竞争力论坛“最佳产融结合创新企业”和“项目租赁领军企业”，获“中国数字化运营模式转型领军者”荣誉，连续主体长期信用评定AAA。

序

2019 年 11 月，我应邀参加全球租赁业竞争力论坛第六届峰会，并做了“把握现实机遇，促进融资租赁业包容性发展”的主旨演讲。时隔八个月，又应邀为《融资租赁业务实务——项目租赁》一书作序。提笔沉重，因这方面不是我的强项，还需要加强学习研究，但难以推辞编著者对我的信任，拟作为一次学习过程。

2004 年，商务部、国家税务总局联合发布《关于从事融资租赁业务有关问题的通知》，我国从此迈开融资租赁业务的步伐；2007 年，原中国银监会发布《金融租赁公司管理办法》并核准首批 5 家银行试点设立金融租赁公司，中国融资租赁行业进入一个新的发展时期；2015 年，国务院办公厅发布《关于促进金融租赁行业健康发展的指导意见》，这是国家关于发展金融租赁的顶层设计，对金融租赁业发展产生了深远影响。2020 年，中国银保监会发布《融资租赁公司监督管理暂行办法》，融资租赁新规正式落地。截至 2020 年 6 月末，我国金融租赁公司已有 68 家，资产规模超过 3 万亿元；其他融资租赁公司资产规模超过 4 万亿元；二者合计超过 7 万亿元。融资租赁较符合民营经济和实体企业对融资和融物的双重需求，较好地支持了我国的经济社会建设和发展。我国的融资租赁业在全球租赁市场中也扮演着越来越重要的角色，并一跃成为全球第二大租赁市场。

2020 年，突发的新冠肺炎疫情席卷全球，对人文和经济发展的影响不可低估。面对经济下行压力，全社会和各行各业在党中央和国务院提出的“六保”和“六稳”工作要求下，积极有序推进复工复产。融资租赁作为一种融物与融资相结合的金融业态，非常有利于促进企业复工复产，且操作相对便利，支付成本也可滞后，既能缓解生产者资金需求，又能实现资金与使用价值对接，同时还能促进制造业产品销售。因此，大力扶持和引领好融资租赁业的高质量发展，是促进金融与实体经济良性循环的重要举措之一，对贯彻落实好“六稳”“六保”工作，在后疫情时期我国经济发展形成以国内大循环为主体、国内国际双循环相互促进的新发展格局有积极的意义。

近期，全球租赁业竞争力论坛与中铁建金融租赁有限公司联合开展项目租赁课题研究，在此基础上，由张国俊先生领衔编著了《融资租赁业务实务——项目租赁》一书，我认为恰逢其时。我粗读了该书的样稿，该书共分三篇九章，思路清晰、内容翔实、展望超前，在理论与实践方面不仅体现了传承、创新和发展的新路径，还体现了“产融结合、共赢发展”的内在机理。该书作者张国俊先生曾长期担任中铁建金融租赁有限公司的高管，是中国融资租赁行业资深的经营者和管理者。他把对这个行业的所历、所思、所悟、所为，严谨系统地编著在书中，值得大众学习。应编者之邀，我谨为《融资租赁业务实务——项目租赁》作序。我相信该书的出版，对促进融资租赁行业的高质量发展、缓解中小微企业融资难和应对特殊时期的“复工复产”具有重要的现实意义。同时该书是继廖岷先生等于 2017 年初所著的《中国金融租赁制度研究》一书后，又一本融资租赁行业的力作，一定会给新时期融资租赁行业的研究者和实践者带来有益的启发。

楼文龙

2020 年 8 月 2 日

目　录

第一篇　融资租赁概论

第二篇　项目租赁

第三篇　项目租赁实务

第一篇

融资租赁概论

第一章　融资租赁基础论述

第一节　租赁的概念

租赁是个历史的范畴，私有制是租赁产生的社会基础。早期私有制出现后，产生了对物品的所有权，所有人将使用权出让并收取一定的使用费用，就产生了租赁。传统租赁有着非常悠久的历史，近代资本主义的兴起和发展，使近代租赁得以迅猛发展，并孕育了现代租赁的要素。第二次世界大战后现代租赁应运而生，并迅速发展成为仅次于银行信贷的第二大融资渠道。

从租赁交易所具有的最本质的特征角度来看，租赁是出租人在一定时期内转移一项物的使用和收益的权利，以获得租金收入的行为。对于承租人，租赁是以支付租金为代价，获得一定时期内对一项物的使用和收益的权利的行为。租赁交易的共性是必须以物为载体，物的所有权、使用权、占有权、收益权会被分割。

在租赁合同中，将租赁物交付承租人使用、收益的当事人为出租人。出租人原则上应为租赁物的所有人，对租赁物享有用益权或租赁权的人可为出租人则属例外情形，如国有土地使用权出租、房屋的转租。承租人又称承租方，是指租赁合同中使用租赁财产并按约定向对方支付租金的当事人。其主要权利是按约定占有和使用承租财产，其主要合同义务为按约定数额和期限向出租人支付租金，妥善保护租赁财产并按约定用途正当使用，在租赁关系终止时及时返还租赁财产。

在我国国内，租赁有广义和狭义之分。如果从广义租赁的角度看，传统租赁和融资租赁都是大租赁的概念，都有“出租人购买租赁物件出租给承租人”的交易行为。如果从狭义的角度看，则有传统租赁和融资租赁之分。传统租赁通常是指传统的出租服务，涉及的租赁物件范围比较广。租金按照承租人使用租赁物件的时间或享受的服务计算。融资租赁则是以融物的方式达到融资目的的租赁，属于现代租赁范畴，涉及的租赁物件通常是动产，租金按承租人占用出租人资金的时间计算。

1. 传统租赁

传统租赁是传统的出租服务，是指出租人将自己或者根据对市场需求的判断而购进的具有相对流通性的通用型物件，通过不断出租给不同的承租人使用而逐步收回租赁投资，并获得相应利润的一种租赁交易类型。

传统租赁也是一种信用形式，它同银行信用、商业信用一样，具备了信用的基本特征，具体表现特征就是价值的单方面转移，所有权与使用权分离。所有者以收取报酬为条件，让渡物品的使用权，承租人在不拥有物品所有权的条件下，通过支付费用在一定期限内拥有物品的使用权。

传统租赁交易以满足承租人对物的短期、临时的需要为目的，可以帮助承租人降低自持成本，实现轻资产运营。传统租赁涉及的物的范围比较广泛，一般来说租期均较短，如租车服务、共享充电等，少数情况如房屋、土地租赁等，期限比较长。我国《合同法》规定，租赁合同期限可达 20 年。

在传统租赁框架下，租赁标的物的购买过程是出租人的独立行为，与承租人无关，标的物无法出租时的投资损失由出租人承担。同时出租人一般有义务向承租人提供关于租赁物的相关服务，如维护、保养等，对设备的适用性、技术性能负责。出租人的租金收取则是按照承租人使用物的时间或享受的服务计算。

2. 融资租赁

融资租赁产生于现代，区别于传统租赁，其以融物的方式来达到融资目的，是融资和融物的有机结合。目前，融资租赁已经成为国际上最普遍、最基本的非银行金融形式。

2014 年 3 月 23 日，原中国银行业监督管理委员会修订发布的《金融租赁公司管理办法》第三条规定，本办法所称的融资租赁，是指出租人根据承租人对租赁物和供货人的选择或认可，将其从供货人处取得的租赁物按合同约定出租给承租人占有、使用，向承租人收取租金的交易活动。

2020 年 5 月 28 日，中华人民共和国第十三届全国人民代表大会第三次会议通过的《民法典》对融资租赁合同也给予了明确的定义。《民法典》第七百三十五条规定，融资租赁合同是出租人根据承租人对出卖人、租赁物的选择，向出卖人购买租赁物，提供给承租人使用，承租人支付租金的合同。

实践中，区别传统租赁和融资租赁通常是以是否实质上转移了与资产所有权有关的全部风险和报酬为标准。如果实质上转移了与租赁资产所有权有关的几乎全部风险和报酬，出租人应当将该项租赁分类为融资租赁。操作层面，一项租赁存在下列一种或多种情形的，通常被分类为融资租赁：

（1）在租赁期届满时，租赁资产的所有权转移给承租人。

（2）承租人有购买租赁资产的选择权，所订立的购买价款与预计行使选择权时租赁资产的公允价值相比足够低，因而在租赁开始日就可以合理确定承租人将行使该选择权。

（3）资产的所有权虽然不转移，但租赁期占租赁资产使用寿命的大部分。

（4）在租赁开始日，租赁收款额的现值几乎相当于租赁资产的公允价值。

（5）租赁资产性质特殊，如果不做较大改造，只有承租人才能使用。

一项租赁存在下列一项或多项迹象的，也可能被分类为融资租赁：

（1）若承租人撤销租赁，撤销租赁对出租人造成的损失由承租人承担。

（2）资产余值的公允价值波动所产生的利得或损失归属于承租人。

（3）承租人有能力以远低于市场水平的租金继续租赁至下一期间。

3. 经营租赁

经营租赁也属于传统租赁，标的物一般为需要高度保养、管理技术的，或技术进步较快的，或广泛运用的设备与机械，对于出租人来说经营租赁着眼于通过设备的全周期运营来获得收益，租期届满后的余值一般不少于原值的10%。

2018年12月7日，财政部修订发布《企业会计准则第21号——租赁》。新租赁会计准则指出，经营租赁是指除融资租赁以外的其他租赁。同时其要求承租人将经营租赁资本化，即在取得一项经营租赁资产时，承租人需要在资产负债表内同时确认使用权资产和租赁负债，这通常会导致承租人资本结构发生变动，同时提高资产负债率。

与融资租赁相比，经营租赁交易中承租人并没有购置资产的意图，租赁仅用来满足临时或季节性使用资产的需要，因此经营租赁合同一般可撤销。

出租人向承租人提供设备及其使用权的同时，提供设备的维修、保养等其他专门的服务，承担余值风险的同时获取余值经营收益。

当前融资租赁公司经营资产的主要方式就是经营租赁，它是一种中短期的融资与融物相结合的经济活动，属于不完全支付，因此出租人需通过多次出租，才能收回全部设备投资外加其应获得利润。经营租赁对出租人的要求更高，出租人必须承担租赁物余值风险，以及标的物件闲置不能及时出租的风险。因此，开展经营租赁业务不仅要求出租人对行业发展有深入的调研，对租赁物的购买、使用非常了解，还需掌握二手设备的处置手段。

第二节　融资租赁的功能

1. 融资

融资租赁具有融资的功能，它是以融物形式达到融资目的的独特工具。融资租赁的产生与融资需求有关，作为一种金融服务，其目的还是解决资金问题。出租人在进行资金投放时，用自有资金或拉动银行信贷和社会投资来开展业务，以解决承租人在生产、运营、投资中的资金来源问题。

当前我国金融业内部结构失衡问题仍然存在，最突出的表现是资本市场仍是金融体系建设的短板，反映为企业高度依赖间接融资体系，直接融资比重过低。同时由于银行信贷的统治地位，金融结构与金融需求的矛盾一直很突出，民企融资难的问题仍未解决，尤其是中小微企业难以从现有金融体系中获得有效的金融服务。

在解决中小微企业资金问题上，融资租赁正好可以发挥其融资功能。首先，融资租赁过程中，承租人不需要一次支付巨额资金添置设备，只需支付少量租金，就可以减少企业在设备更新中的资金投入。其次，虽然承租人进行融资租赁所支付的租赁费，既包括设备价款，又包括设备采购过程中的运杂费、保险费等相关费用，但是由于租赁费可在整个租赁期内分期支付，所以，与一次购买设备相比，现金支付压力减小。

2. 投资

融资租赁在资金配置过程中能发挥促进投资的功能。融资租赁公司由于具有特殊的资源优势，有能力发现合适的投资机会，可作为载体，通过吸收股东投资、借贷、发债、上市等融资手段拉动银行贷款，吸收社会投资。在进行资金投放的同时促进社会资金顺利进入投资领域，有效配置社会资产。同时，融资租赁公司利用银行资金开展租赁业务，可以减少银行直接对企业的固定资产贷款，增加资产流动性，减少银行信贷风险，加大投资力度。

融资租赁在一定程度上可以对财政投资形成有效补充，通过以财政补贴政策为依托、以融资租赁为媒介、以财政资金为杠杆的一系列制度安排，引导民间资本流向符合宏观产业政策发展规划的产业，在总量上刺激民间投资，在结构上平衡投资方向，既减轻了财政负担，又保证了政策的可持续性。

3. 促销

融资租赁具有促进产业生产、销售的功能。对于制造厂商来说，厂商租赁是一种处于产业链前端的营销手段，在设备出租的同时实现设备的销售和使用。第一，可避免厂商存货太多，促进产品进入流通市场，有利于资金、资产的加速周转；第二，可扩大产品销售渠道，加强产品在国内外市场上的竞争力。对于自设融资租赁公司的制造厂商来说，一方面可有效控制营销和流通渠道，发挥以融促产、促销的功能；另一方面也可利用专业性打造新的利润增长点。

在与实体经济紧密结合的过程中，融资租赁不只具备促进销售的功能，其在产业链上的功能越来越丰富，发挥出越来越重要的作用，是产融结合的有效手段，促进了产业资本与金融资本在资本融合方面实现有效配置。

通过模式创新，融资租赁在产业领域发挥出促进产融结合功能。比如，在工程建设领域，通过“以租促揽”，充分挖掘产业链上游的工程项目信息资源，帮助承租人扩大承揽规模；通过“以租带建”，利用融资租赁公司的客户渠道优势，捕获建设项目信息，协同建设单位参与基础设施建设；通过与建设单位开展融资租赁交易，帮助其将“应收工程款”变现，为企业在建项目工程款提供源头保障，帮助其加快资金回笼，实现“以租促收”。在汽车产业领域，通过“以租代购”方式，扩大客群，同时为二手车市场提供稳定、标准化的二手车来源。

4. 资产管理

融资租赁具有资产管理的功能，是由租赁物的所有权和使用权的分离而衍生出来的。区别于银行信贷，融资租赁将资金运动与实物运动联系起来，它是一种以标的物的投资价值，并以租赁物专业化管理为基础的交易活动，出租人在取得租赁物的所有权后，实际上就承担着租赁资产的管理功能。在市场经济条件下，融资租赁公司可以帮助企业盘活资产，使企业的资产物尽其用，真正实现企业的价值增值。

融资租赁作为一种资产管理工具，具有优化财务报表、整合资产功能、提升资产和资金的运用价值的作用。通过融资租赁资产管理功能的应用，企业可以实现资金、资产、价值渠道的通畅和循环；通过租赁物转让、收益权转让、资产证券化等方式，企业可以加速交易资产的货币化流动，提高交易资产运用的效率。

第三节　融资租赁的特点

1. 两权分离

融资租赁的标的物是融资租赁交易的载体，承租人通过融资租赁的方式从出租人处取得租赁物的使用权，从而达到生产、提供服务、创造经济价值的目的。因此，融资租赁交易下，标的物的所有权和使用权必然分离，所有权在法律上属于出租人，使用权在经济上属于承租人。

《民法典》第七百四十五条规定：出租人对租赁物享有的所有权，未经登记，不得对抗善意第三人。从法律来看，尽管出租人拥有租赁物法律上的所有权，承租人作为占有人不具有处分租赁物的权利，但承租人的“占有”是对物的所有权的典型权利外观。因此根据法律规定，出租人应当保证承租人对租赁物的占有和使用，但是出租人一般会通过登记来公示其享有的所有权。

2. 不可解约

融资租赁的合同具有不可解约性。租赁期是一个连续的、不间断的期间，融资租赁合同是即期签署，租赁物是即期交付，但是租赁支付伴随着融资租赁合同的期限具有长期性。同时由于租赁物存在被指定性，决定了融资租赁合同相比传统租赁合同具有不可解约性。

承租人一般只有在租赁物毁坏或被证明为已丧失使用价值的情况下才可以中止执行合同，或者是由于买卖合同的无效、被撤销或解除，以及因出卖人的原因致使融资租赁合同的目的不能实现的情况下，才可以请求解除融资租赁合同。对于出租人，《民法典》规定，若承租人未按照约定履行租金支付义务，或者承租人未经出租人同意，将租赁物转让、抵押、质押、投资入股或者以其他方式处分，出租人可以解除融资租赁合同。

3. 两融结合

融资租赁具有融资、融物双重功能。融资租赁的产生是原有的以货币为载体的信用融资与传统租赁有机结合的产物，兼具信用融资与租赁交易的特征，也就是具有融物和融资的双重属性。

在融资租赁交易中，出租人出资购买承租人指定的标的物，提供给承租人使用，而不是直接提供资金，其实质就是出租人以融物方式解决承租人购置设备等资产的资金需求，并通过收取租金获得投资回报。融资租赁把借钱与借物两者有机结合起来，并以借物还钱形式实现租赁的全过程，这种融资方案同时解决了承租方的资金和设备问题，提高了生产效率。

4. 租金分期

融资租赁合同的内容一般包括租赁物的名称、数量、规格、技术性能、检验方法，租赁期限，租金构成及其支付期限和方式、币种，租赁期限届满租赁物的归属等条款。出租人可以结合承租人的需求以及租赁资产的价值变化曲线，提供个性化的融资租赁服务。

在合同条款制定过程中，承租人与出租人可以就租赁期限、租金支付频率等内容进行充分协商，租金的安排受利率变化和宏观经济异常波动的影响较小，承租人可以根据预期的收入情况与出租人达成付款协议，根据自身的盈利预期来制订租金偿还计划，分期支付的期限可以是 1 个月、3 个月、6 个月，也可以采取非线性的租金偿还方案，从而合理安排资金预算。这种便利能极大地减轻承租人的短期资金压力，同时在租赁期满后承租人也可以灵活选择留购、续租或返还租赁物。

第四节　融资租赁的业务类型

随着融资租赁行业体量的增长和涉足领域的扩大，社会认知程度不断提升，对于承租人来说融资租赁成为设备融资模式、设备销售模式、投资方式的创新，不仅在各交易主体之间实现新的权责利平衡，提供了新的融资方法，而且成为交易主体优势互补、配置资源的机制和均衡税务的重要金融工具。

融资租赁的业务类型是融资租赁实质的具体表现形式。随着市场需求的变化和金融创新能力的提升，融资租赁已经从最基本的直接融资租赁模式，演变为包括转租赁、风险租赁等在内的多种业务模式。业务模式的多样化，为不同客户、不同项目的融资租赁需求提供了更多的便利，进一步拓展了融资租赁业务市场。

1. 直接租赁

直接融资租赁，简称直租，即以出租人保留租赁物所有权和收取租金为条件，使承租人在租赁期内享有对租赁物的占有、使用和收益的权利，一般由承租人指定租赁物及厂商，出租人出资购买，承租人使用并支付租金。这是一种最典型的融资租赁方式，承租人支付的租金不仅覆盖本金性质的出租人垫付资金，还包括出租人垫付资金所承担的融资成本和费用成本，以及出租人因融资租赁交易应获得的合理投资回报。

交易结构（见图 1-1）：承租人选择需要的设备和供应商。

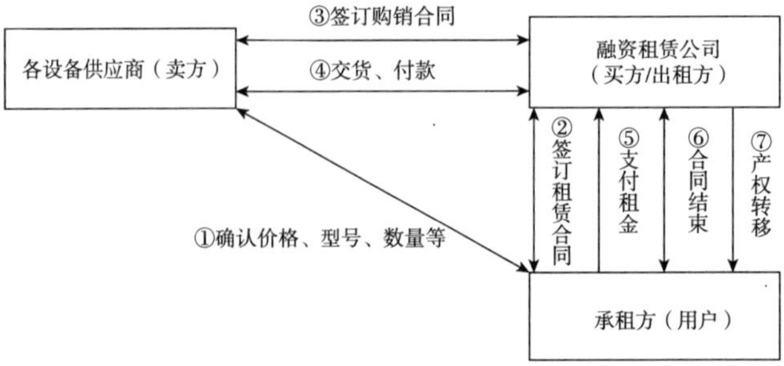

图 1-1　直接租赁交易结构

资料来源：李新民．融资租赁实务［M］．澳门：人民科学出版社，2020.

承租人向出租人（融资租赁公司）提出融资租赁申请。

经三方谈判，出租人与供应商签订租赁设备《购买合同》，出租人与承租人签订《融资租赁合同》，承租人与供应商签订设备《售后服务协议》。

出租人向供应商支付设备款项，供应商将设备交付承租人。

承租人按期支付租金。

租赁期间，出租人拥有租赁物所有权。租赁期满，设备按事先约定处置。通常是出租人收取少量资金（留购价），将设备让渡给承租人。

［**案例**］

某建筑公司是一家建筑安装施工企业。为扩大业务规模，该建筑公司需要增购一批工程施工机械。为此，建筑公司联系了生产厂家某机械公司。双方就设备的相关技术标准及设备价款等进行了商谈与沟通，并初步达成了供需意向。但是，建筑公司当时并无资金能力直接购买所需设备，为此，建筑公司拟以融资租赁的方式取得所需设备，并向某融资租赁公司提出了融资租赁申请。

租赁公司经评审认为，该融资租赁项目还款保障充分，风险可控，同意实施该项目，并且采用直租模式操作。随之，建筑公司、租赁公司和机械公司进行了全面的商务谈判。设备总价款为2000万元，由租赁公司向机械公司直接支付（扣除质保金），设备则直接由机械公司交付给建筑公司使用。同时，根据租赁公司的要求，机械公司承诺为该批机械设备提供回购担保。租赁公司与建筑公司签订了《融资租赁合同》，租赁公司与机械公司签订了《买卖合同》，建筑公司与机械公司签订了《售后服务协议》，机械公司向租赁公司提交了为本项目提供回购担保的承诺书。具体直接租赁方案如表1-1所示。

表1-1　直接租赁方案

申请金额（设备金额）/元	20000000	租金概算本金/元	18000000
租赁年限/年	5	每年还租期数	12
首付比例/%	10	租赁首付款/元	2000000
保证金比例/%	5	租赁保证金/元	1000000
服务费比例/%	5	服务费/元	1000000

续表

租赁年利率/%	11	期初/期末支付（元）	期末支付
每期租金/元	391364	租金合计/元	23481840
期末残值（或留购价款）/元	200		

资料来源：李新民．融资租赁实务［M］．澳门：人民科学出版社，2020.

2. 售后回租

售后回租是指承租人以自有物件与出租人进行融资租赁交易，是一个先卖后租的交易行为。售后回租中，承租人同时也是租赁物的出卖方，出租人必须取得租赁物的所有权，以租赁物的公允价值向承租人支付购买款，并办理相应转移登记手续，承租人则需按期支付租金。

交易结构（见图 1-2）：承租人与出租人签订《买卖合同》，将自有物件卖给出租人并转让所有权。

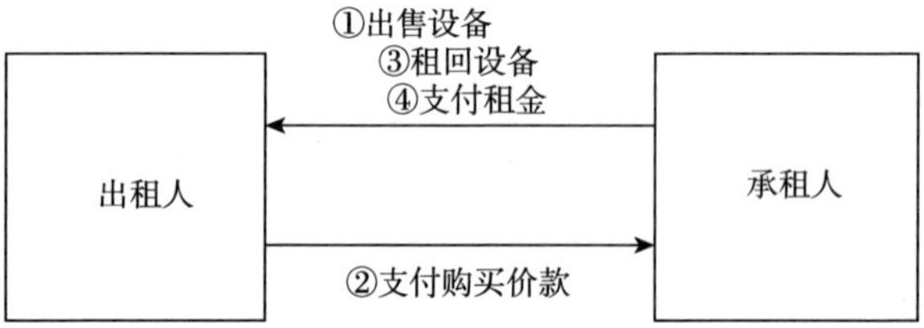

图 1-2　售后回租交易结构

资料来源：李新民．融资租赁实务［M］．澳门：人民科学出版社，2020.

出租人根据物件公允价值支付购买款。

承租人与出租人签订《售后回租合同》，取得租赁物的使用权。

承租人按合同约定支付租金。

待租赁期满，承租人还完全部租金，双方按照合同约定对租赁物件进行处置。通常是由承租人向出租人支付一笔设备残值款后，将设备使用权再转给承租人。

［案例］

某食品公司为满足市场需求，决定扩大生产规模，为此，企业自筹资金对部分机器设备进行了技术改造。但是，由此造成了食品公司的流动资金紧张。经测算，流动资金缺口为4000万元。食品公司向某融资租赁公司提出了融资租赁申请，拟以其现有设备进行售后回租。

租赁公司认为食品公司生产运营状况良好，盈利能力持续提高，且该公司拟作为租赁物的设备净现值也足以覆盖其申请的融资额度，同意以售后回租方式实施该项目。随之，租赁公司与食品公司签订了《买卖合同》及《融资租赁合同》，并与担保公司签订了担保协议。按照合同约定，该项目租赁标的物为食品公司正常使用的一套油脂压榨设备，设备原值为6000万元，双方共同认可的净现值为5000万元。经评估，食品公司同意将其以4000万元的价格出售给租赁公司，出售后再从租赁公司租回使用。具体售后回租方案如表1-2所示。

表1-2　售后回租方案（一）

申请金额（设备金额）/元	40000000	租金概算本金/元	40000000
租赁年限/年	3	每年还租期数	4
保证金比例/%	10	租赁保证金/元	4000000
服务费比例/%	3	服务费/元	1200000
租赁年利率/%	12	期初/期末支付（元）	期末支付
每期租金/元	4018484	租金合计/元	48221808
期末残值（留购价款）/元	2000		

资料来源：李新民．融资租赁实务［M］．澳门：人民科学出版社，2020.

3. 转租赁

转租赁是指承租人在租赁期内将所租入的资产再转租给第三方的业务行为。在转租赁模式中，前一环节的承租人同时也是后一环节的出租人，通常称之为转租人。转租人开展转租赁业务的目的，一是利用第一出租人的资金赚取租金差价，二是利用第一出租人对某些特殊设备的购买资质来采购其原本不能直接购买的设备。租赁物的所有权归第一出租人。

对于第一承租人来说，通过将从租赁同业处租入的租赁物转租给最终承租人的方式可以加强同业合作，发挥不同出租人的优势，分散风险或利用不同地域和行业的税收政策。

交易结构（见图1-3）：甲租赁公司与乙租赁公司分别以第一出租人和第一承租人的身份签订《融资租赁合同》；同时，甲租赁公司按照乙租赁公司或最终承租人对设备的相关要求，与设备供货商签订《设备买卖合同》。

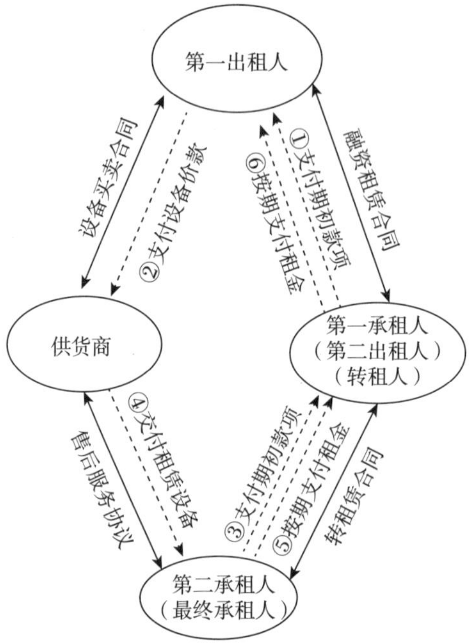

图1-3 转租赁交易结构

资料来源：李新民．融资租赁实务［M］．澳门：人民科学出版社，2020.

第一承租人乙租赁公司再以第二出租人的身份将设备出租给最终承租人（第二承租人）使用，并与最终承租人签订《转租赁合同》。

第一出租人向设备供货商支付设备款。

供货商按照约定向第一承租人或最终承租人交付设备，并提供相应的售后服务。

最终承租人向第一承租人按期支付租金；第一承租人向第一出租人按期支付租金（且不论第一承租人能否按期收到最终承租人支付的租金）。

租赁期满后，按合同约定的方式处置租赁设备。

［案例］

甲租赁公司与乙租赁公司均为正常经营的专业融资租赁公司。近日，丙医院向乙租赁公司提出融资租赁申请，拟通过乙租赁公司购买一批医疗器械，并已选定了供货厂家丁器械公司。由于乙租赁公司没有医疗器械经营许可证，无法直接购买和出租医疗器械。乙租赁公司遂向有医疗器械经营许可证的甲租赁公司提出了租赁需求。

甲租赁公司调查了解后，认为该项目可行。经充分商议，达成了转租赁合作意向：由甲租赁公司向丁器械公司购买该批医疗器械，并将其出租给乙租赁公司，乙租赁公司再以第二出租人的身份将该医疗器械转租给丙医院；同时约定，合同生效并付款后，丁器械公司将医疗器械直接交付给丙医院使用，并提供相应的售后服务。基于上述意向，甲租赁公司与乙租赁公司签订了《融资租赁合同》，甲租赁公司为出租人，乙租赁公司为承租人。甲租赁公司与丁器械公司签订了《买卖合同》。具体融资租赁方案如表1–3所示。

表1–3　融资租赁方案

申请金额（设备金额）/元	20000000	租金概算本金/元	18000000
租赁年限/年	5	每年还租期数	12
首付款比例/%	10	租赁首付款/元	2000000
保证金比例/%	5	租赁保证金/元	1000000
服务费比例/%	5	服务费/元	1000000
租赁年利率/%	11	期初/期末支付（元）	期末支付
每期租金/元	391364	租金合计/元	23481840
期末残值（留购价款）/元	0		

资料来源：李新民．融资租赁实务［M］．澳门：人民科学出版社，2020.

与此同时，乙租赁公司与丙医院签订了《转租赁合同》，乙租赁公司为出租人，丙医院为承租人。具体转租赁方案如表1–4所示。

表 1-4 转租赁方案

申请金额（设备金额）/元	20000000	租金概算本金/元	18000000
租赁期限/年	5	每年还租期数	12
首付款比例/%	10	租赁首付款/元	2000000
保证金比例/%	5	租赁保证金/元	1000000
服务费比例/%	6	服务费/元	1200000
租赁年利率/%	13	期初/期末支付（元）	期末支付
每期租金/元	409556	租金合计/元	24573360
期末残值（留购价款）/元	—		

资料来源：李新民．融资租赁实务［M］．澳门：人民科学出版社，2020.

4. 委托租赁

委托租赁是指出租人接受委托人的资金或租赁物，根据委托人的书面委托，向委托人指定的承租人办理融资租赁业务。在租赁期内租赁物的所有权归委托人，出租人只收取手续费，不承担风险。

交易结构（见图 1-4）：租赁公司以受托人的身份与委托人签订《委托租赁资金协议》，并接受委托资金。

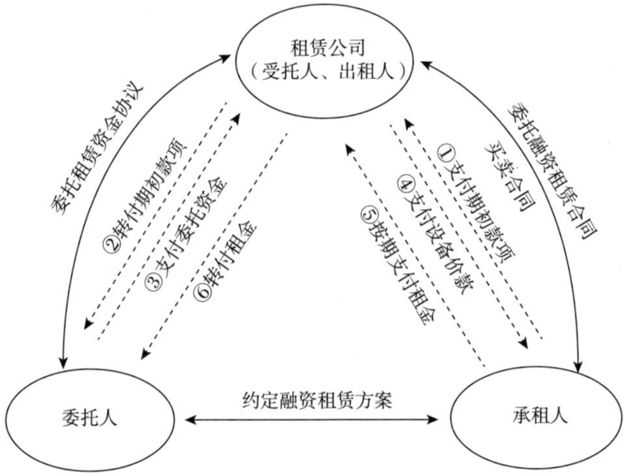

图 1-4 委托租赁交易结构

资料来源：李新民．融资租赁实务［M］．澳门：人民科学出版社，2020.

租赁公司与委托人指定的承租人签订《委托融资租赁合同》。

承租人根据《委托融资租赁合同》的约定向租赁公司支付租金。

租赁公司根据《委托租赁资金协议》的约定从租金收入中扣除手续费及代扣代缴的营业税后，将剩余所有租金转付给委托人。

《委托租赁资金协议》及《委托融资租赁合同》执行完毕，租赁资产的归属按事先约定的方式处置。

［**案例**］

某食品公司为一家食品加工企业，其主要产品为果汁饮料。为扩大产量，解决水果原料的季节收购问题，该企业需要扩大仓储设施。但扩建仓储设施、增大存储空间，需要一笔资金。而该食品公司现有资金不能满足扩建仓储设施的需要。经测算，资金缺口为1000万元。于是，该食品公司向具有一定资金实力的某投资公司提出了融资申请。投资公司对该食品公司进行调查后，认为该食品公司生产运营状况良好，且该公司现有设备的净现值足以覆盖其申请的融资额度。

经认真考虑，投资公司认为，该项目的融资可以通过融资租赁的方式实现，在征得食品公司的同意后，投资公司找到某融资租赁公司，达成委托业务合作意向。经商谈后三方开始了该笔委托租赁业务的实质性操作。投资公司与租赁公司签订了《委托租赁资金协议》；同时，租赁公司与食品公司签订了《买卖合同》及《委托融资租赁合同》。具体委托租赁方案如表1-5所示。

表1-5　委托租赁方案

申请金额（设备金额）/元	10000000	租金概算本金/元	10000000
租赁期限/年	3	每年还租期数	4
保证金比例/%	10	租赁保证金/元	1000000
服务费比例/%	3	服务费/元	300000
租赁年利率/%	12	期初/期末支付（元）	期末支付
每期租金/元	1004621	租金合计/元	12055452
期末残值（留购价款）/元	500		

资料来源：李新民．融资租赁实务［M］．澳门：人民科学出版社，2020.

5. 联合租赁

联合租赁是指多家经营融资租赁业务的租赁公司对同一个融资租赁项目提供租赁融资。由其中一家租赁公司作为牵头人，无论是相关的买卖合同还是融资租赁合同都由牵头人出面订立。各家租赁公司按照所提供的租赁融资额的比例承担该融资租赁项目的风险和享有该融资租赁项目的收益。这是一种利益分享和风险分担的合作方式。

交易结构（见图 1-5）：承租人选择要租赁的设备和供货商，向出租人（租赁牵头人）提出融资租赁业务申请。

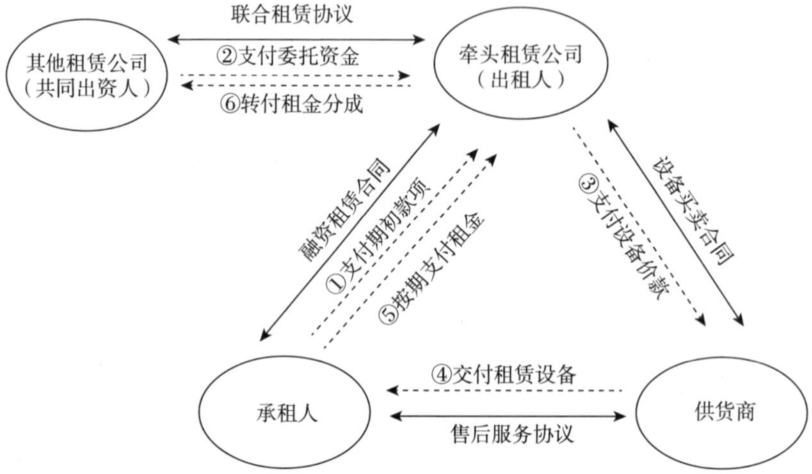

图 1-5　联合租赁交易结构

资料来源：李新民．融资租赁实务［M］．澳门：人民科学出版社，2020.

出租人、承租人、供货商进行技术和商务谈判。

出租人与其他租赁公司签订《联合租赁协议》，约定各自的出资比例及金额，作为将来享受项目收益分成及承担项目风险的重要依据。

出租人与供货商签订设备《买卖合同》，同时，出租人和承租人签订《融资租赁合同》，承租人与供货方签订租赁设备的《售后服务协议》。

出租人按照合同约定向承租人收取期初款项，并在收到其他租赁公司所委托的项目资金后，将货款支付给供货商。

供货商按照合同要求向承租人交付租赁设备。

承租人按照合同约定分期向出租人支付租金。

出租人收到租金后，按照《联合租赁协议》约定的比例留下自己应得的部分后，将其余租金转付给共同出资的其他租赁公司。

租赁期满，且在正常履行合同的情况下，按照事先在合同中的约定处置设备。

［**案例**］

A 工程公司是一家大型水利、电力工程施工企业，需要采购一批工程施工机械。为此，A 工程公司联系了生产及供货商 B 机械公司，双方就设备的相关技术标准及设备价款等进行了商谈与沟通，并达成了供需意向。其中，前述施工机械的全部价款为 2 亿元。

但是，A 工程公司当时无资金能力直接购买所需设备。为此，A 工程公司向 C 租赁公司提出了融资租赁申请。C 租赁公司经调查和评审，认为该项目风险可控，还款有保障，决定实施该项目。但是，由于该项目所需资金规模较大，为了控制所动用的自身资金规模，同时也为了分散项目风险，C 租赁公司遂计划以联合租赁的方式推进该项目。经沟通，D 租赁公司和 E 租赁公司同意参与该项目，三家租赁公司对该项目实施联合租赁，并由 C 租赁公司牵头实施。

随后，A 工程公司与 C 租赁公司一起和 B 机械公司进行了谈判。各方达成一致意见后，签订了相关的合同和协议。C 租赁公司、D 租赁公司和 E 租赁公司签订了《联合租赁协议》，协议约定：C 租赁公司出资 1 亿元，D 租赁公司出资 6000 万元，E 租赁公司出资 4000 万元，收益按出资比例分成，并按比例承担风险。C 租赁公司与 B 机械公司签订了设备《买卖合同》，C 租赁公司与 A 工程公司签订了《融资租赁合同》，B 机械公司与 A 工程公司签订了设备《售后服务协议》。具体联合租赁方案如表 1-6 所示。

表 1-6　联合租赁方案

申请金额（设备金额）/元	200000000	租金概算本金/元	200000000
租赁年限/年	3	每年还租期数	4
保证金比例/%	10	租赁保证金/元	20000000

续表

服务费比例/%	3	租赁服务费/元	6000000
租赁年利率/%	9.6	期初/期末支付/元	期末支付
每期租金/元	19379564	租金合计/元	232554768
期末残值（留购价款）/元	8000000		

资料来源：李新民．融资租赁实务［M］．澳门：人民科学出版社，2020.

6. 杠杆租赁

杠杆租赁是专门为大型租赁项目设计的、具有税收好处的融资租赁模式。它是目前采用较为广泛的一种国际采购租赁方式。这种模式下，租赁公司既是出租人又是借资人，既要收取租金又要偿还债务。由于租赁收益一般大于借款成本支出，出租人借款购物出租可获得财务杠杆利益，故被称为杠杆租赁。

杠杆租赁类似于银团贷款，由融资租赁公司作为主干公司进行牵头，并吸收其他机构（银行或财团等）的贷款资金，共同为某些大型采购项目进行融资。通常出租人仅提供其中20%~40%的资金，贷款人则提供60%~80%的资金。

交易结构（见图1-6）：租赁公司对拟开展融资租赁业务的大型采购项目进行评估后，做出大致的杠杆租赁计划。

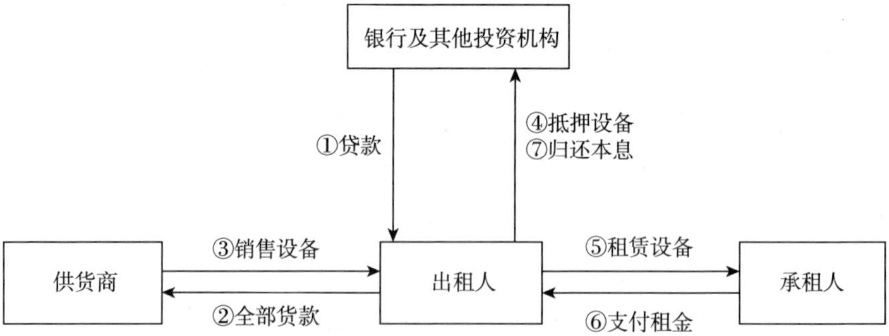

图1-6　杠杆租赁交易结构

资料来源：李新民．融资租赁实务［M］．澳门：人民科学出版社，2020.

由于项目所需资金较多，租赁公司结合本交易模式的惯例和自身的资金情况，计划提供项目资金的20%~40%。

租赁公司与银行、财团等债权人进行商谈，对方同意以借款的方式（组团）提供该租赁项目资金的60%~80%，并确定该项目融资租赁的具体方案。

出租人与银行、财团等债权人签订《借款合同》，其中约定的还款额度及周期应与承租人的还租额度及周期相匹配。

出租人与供货商签订《买卖合同》；出租人与承租人签订《融资租赁合同》；供货商与承租人签订与物件相关的《售后服务协议》。

债权人将贷款（项目资金的60%~80%）支付给出租人（该项贷款的债权人对出租人是没有追索权的）。

在贷款资金的基础上，出租人又用自有资金（项目资金的20%~40%）补足全额项目资金后，将其支付给供货商。

供货商向承租人交付租赁设备。

承租人按照约定，分期向出租人支付租金。

出租人收到租金后，按照《借款合同》的约定，向债权人偿付当期应支付的贷款本息，剩余部分留给自己。

项目结束后，按照合同约定，确定租赁物件的最终归属。

［**案例**］

某航运集团是国内一家规模较大的水路运输公司。为了提高运输能力，该集团拟新采购2艘某型号的货运轮船。经与某造船公司询价商谈，确定该2艘货运轮船的价格为人民币4亿元。但是，仅凭航运集团自身的资金实力，难以支付2艘轮船的价款。为此，航运集团向开展船舶类融资租赁业务的租赁公司提出了申请。租赁公司在接到航运集团的申请后，立即对相关方面进行了调查。

租赁公司经调查认为，该融资租赁项目具有较好的可行性。但是，租赁公司当时资金不足。于是，租赁公司决定采用杠杆租赁模式为该项目进行融资。随后，租赁公司与多家金融机构进行了联系，最终某商业银行同意作为债权人参与到这个项目中来。经过谈判各方达成了一致意见。由租赁公司作为出租人，向造船公司购买上述2艘轮船，并将其出租给航运集团使用，租赁期限为10年。商业银行为租赁公司提供贷款3亿元，贷款期限也是10年，且商业银行对租赁公司不享有追索权，租赁公司仅以航运集团所归还的租金作为还款来源。为了降低贷款风险，商业银行要求拥有该2艘轮船的第一留置权，租赁公司答应了商业银行的要求。随后，租赁公司与商业银行签订了《借款合同》，租赁公司与造船公司签订了轮船《买卖合同》，租赁公司与航运集团签订了《融资租赁合同》，航运集团与造船公司签订了相关的《售后服务协议》。具体融资租赁方案和借款方案如表1-7、表1-8所示。

同时约定：租赁结束时，航运集团可以选择退回、续租或者留购该2艘轮船；若选择留购，留购价格为租期结束时的市场行价。

表1-7　融资租赁方案（二）

申请金额（设备金额）/元	400000000	租金概算本金/元	400000000
租赁期限/年	10	每年还租期数	2
服务费比例/%	5	服务费/元	15000000
租赁年利率/%	7.5	期初/期末支付（元）	期末支付
每期租金/元	28784839	租金合计/元	575696780
期末残值（留购价款）/元	按市场行价		

资料来源：李新民．融资租赁实务［M］．澳门：人民科学出版社，2020.

表1-8　借款方案

借款金额/元	300000000	年利率/%	7
借款期限/年	10	每年还款次数	2
每期还款/元	21108323	还款合计/元	422166460
期初/期末支付（元）	期末支付		

资料来源：李新民．融资租赁实务［M］．澳门：人民科学出版社，2020.

7. 风险租赁

风险租赁即出租人以租赁债权和投资方式将设备出租给承租人，以获得租金和股东权益收益作为投资回报的租赁交易。在这种交易中，租金仍是出租人的主要回报，一般为全部投资的50%；其次是设备的残值回报，一般不会超过25%左右，这两项收益相对比较安全可靠。其余部分按双方约定，在一定时间内以设定的价格购买承租人的普通股权。

风险租赁可以是直租性质的，也可以是售后回租性质的。其交易结构与直租或售后回租业务类似。

［案例］

某科技公司是一家处于快速成长期的高科技企业。根据企业发展需要，该科技公司拟通过融资租赁的形式增购一批实验器材。为此，该科技公司向某租赁公司提出了融资需求。租赁公司在考察科技公司后认为，科技公司发展前景非常好，于是就提出了用风险租赁业务模式为科技公司购买其所需的实验器材，并得到了科技公司的认可。随后，双方与科技公司选定的器材公司进行了沟通。经商谈，确定了所要采购器材的价格为 2000 万元。谈妥后，租赁公司与科技公司签订了《融资租赁合同》，租赁公司与器材公司签订了《买卖合同》，科技公司与器材公司签订了《售后服务协议》。

合同在约定一般租赁事项的基础上还特别约定：租赁期内，租赁公司随时可以 7 元/股的价格购买科技公司普通股权 200 万股；若租赁期内租赁公司放弃行权，则在租赁期满时科技公司需补偿给租赁公司 1400 万元。具体风险租赁方案如表 1-9 所示。

表 1-9　风险租赁方案

申请金额（设备金额）/元	20000000	期初/期末支付（元）	期末支付
租赁年限/年	5	每年还租期数	4
服务费比例/%	5	服务费/元	1000000
期末残值（留购价款）/元	4000000	租金合计/元	10000000
每期租金/元	500000		

注：股权收益部分，出租人可以选择行权或放弃行权得到补偿。

资料来源：李新民．融资租赁实务［M］．澳门：人民科学出版社，2020.

本项目，租赁公司支付了 2000 万元购买实验器材租给科技公司使用。在租赁期间，租赁公司向科技公司收取租金 1000 万元、设备残值款 400 万元，服务费 100 万元，三项共计 1500 万元。同时，租赁公司在租赁开始后第三年就行使了认购期权，以 7 元/股（当时市价为 14.10 元/股）购买了科技公司 200 万股的股份，并于次月以 14.75 元/股的价格将该项股份转让给第三方，盈利 1550 万元。综合折算，租赁公司的综合年利率超过了 16%，明显高于标准的直接租赁模式的收益水平。

融资租赁行业的发展既是一个持续服务实体经济的过程，也是行业不断自我调整、适应环境、发展创新的过程。新时代、新经济催生出了新产业、新业态，也带来了新的多元化融资需求，推动了更多新的融资租赁商业模式的产生。

第二章　融资租赁行业发展分析

第一节　融资租赁的产生与演进

1. 形成

传统租赁的起源可追溯至公元前 2010 年的古伊朗，有据可查的是当时就出现了以农具为租赁物的设备租赁。公元前 1400 年，地中海西岸的腓尼基人首先开始了商船的租赁。

早期租赁最普遍的表现形式是土地的租赁。随着社会的发展，租赁的范围逐渐扩展到生产工具、生活用品等其他类型的财产。在中国历史上，文献记载的租赁最早可追溯到西周时期。《卫鼎（甲）铭》记载，邦君厉把周王赐予的田地进行出租。在奴隶社会后期产生的以土地和房屋为对象的租赁活动，到封建社会又得到了进一步的发展，土地、房屋、车船、农具、集市场地等都可以作为租赁对象用于租让。

2. 近代

近代租赁的主要发源地在美国。在 18 世纪的淘金时代，横跨全美、从东部到西部的运输工具主要是马车，马车租赁就是当时设备租赁的主要形式。到了 19 世纪运河时代，伊利运河通过哈德逊河将北美五大湖与纽约市连接起来，通过伊利运河可以将中部的主要粮产区生产的产品运输到东部的港口，也就是从芝加哥到纽约，因此紧随当时的实业需求，内河船舶租赁开始流行。

19 世纪末，进入铁路大发展时期，许多企业家作为私营铁路运营商进入铁路领域，但这一领域需要大量的资本性投入。由于缺少足够的抵押物和信贷支持，铁路运营商开始尝试以向投资银行分期付款的方式获取设备的使用权，一旦付款额达到了设备成本（包括利息），即全额偿付，运营商就将取得设备的所有权。1898 年，美国通用运输公司在芝加哥成立，是一家设备金融公司，其主要业务就是北美和欧洲的火车租赁。

19 世纪也是厂商金融的起源。1851 年，一位名叫列察克·梅里瑟·胜家的美国人发明了一种代替手工缝纫的机器，并以他的名字命名为“胜家缝纫机”。为扩大销售，“胜家缝纫机”推出了“特许经营”和“分期付款”两种模式，这实质就是设备厂商的金融创新。到 20 世纪 20 年代，设备制造厂商通过渠道分销、分期付款的方式提高客户的支付能力的做法已经比较普遍。在实业需求推动下，设备租赁衍生成为技术保护或者垄断的工具，即从制造商角度的“只租不卖”，逐步演化为真正的租赁，即从客户角度的“只租不买”。

3. 现代

在第二次世界大战期间，真正的设备租赁在美国开始流行，美国也因此被看作现代融资租赁业的发源地。第二次世界大战后，美国工业化生产出现了明显的产能过剩，厂商为了推销所生产的商品，以赊销、分期付款等方式为客户提供相应的融资服务。在交易过程中，为避免将商品的所有权和使用权同时转移给购买方所带来的资金回收风险，一些厂商开始尝试参照传统租赁的做法，将所销售商品的所有权保留，购买方只享有该商品的使用权，但需向卖方分期支付租金，当租金全部结清后，厂商再将商品的所有权转移给购买方。这种具有融资加融物双重属性的交易活动即称为融资租赁。

1952 年，世界第一家租赁公司——美国租赁公司（U. S. Leasing Corporation，现更名为美国国际租赁公司）设立，标志着现代融资租赁业的诞生，拉开了现代租赁业的发展序幕。随着科学技术的发展，企业的资本设备更新周期大大缩短，由此产生了大量资金需求，企业急需拓展除了银行资金外的其他的融资渠道，因此，融资租赁得以迅速发展。

融资租赁的发展，第一动力来自实业的需求，并且其附着的产业随着实业的发展而不断变化。在发展过程中，商法、税法、监管和会计等规则逐渐成形，规则对融资租赁的发展有很大的正面作用，一方面驱动了融资租赁的普及，另一方面也驱动了产品的创新。

1954年以前，美国税法并没有对设备投资实行特殊的优惠政策，只是规定承租人所付租金可作为营业支出而免税，而在买卖交易中却只有买方付款中的利息部分可以免税。为促进资本形成和制造业发展，美国于1954年修订了《国内税收法》(*Internal Revenue Code of* 1954)。该法典第167条规定了设备的所有者/出租人能够扣除与租赁有关的一般费用，并使用双倍余额或年终数字方法来计算。通过在资产周期的早期减税并将应税收入递延，《国内税收法》旨在提高所有权的收益并鼓励资本支出。不过，像铁路和航空这样需要使用大型昂贵设备的公司，因为无法直接购买设备，所以无法享受这些新的税收优惠。

在此背景下，融资租赁由于满足企业工业设备的使用和资金融通的双面需求，具备区分所有权和使用权以及“融资+融物”的时代特点，迅速发展起来。随后，许多机械、电子等工业制造商开始组建自己的租赁公司，开展计算机、办公设备、飞机等设备租赁业务，比如IBM、GE和卡特彼勒等。

1955年，美国颁布《55-540号税务裁决》(*Revenue Ruling* 55-540)，其中对租赁合同与买卖合同作了区分，将租赁区分为“真正租赁”和“有条件销售”。如果承租人在租期期满对租赁设备不具有购买选择权，那么该交易行为为“真正租赁”，即经营租赁，否则为有条件销售，即融资租赁。只有真正租赁可以享受设备投资加速折旧等优惠待遇。“有条件销售”，即融资租赁，被美国税务局（IRS）视为贷款，所以不享受设备投资加速折旧等优惠待遇。随着税收政策明确了“有条件销售”（融资租赁）和“真实租赁”（经营租赁）的区分，租赁业的税收风险得到进一步消除。厂商背景的租赁公司因产品促销需要迅速发展起来。

20世纪60年代，美国经济再度进入衰退阶段，为提高资本支出，1962年美国国会通过《投资税收抵免》[*The Investment Tax Credit*（ITC）]，规定设备所有者可获得设备价款7%的税收抵免。这项政策大大降低了设备的购置成本，出租人可以以较低的租金水平向客户出租设备，把部分的税收节省让渡给承租人，融资成本大大优于银行的贷款成本，租赁公司得到进一步发展。

与此同时，金融监管政策的变化也推动了美国银行系租赁公司的发展。1963—1997年，美国银行监管当局逐步允许银行进入租赁行业。1963年，美国的货币监管属（OCC）允许银行进入租赁行业；1970年，《银行持有公司法案》允许银行附属的融资租赁公司独立开展租赁业务；客观上，银行租赁的引入，促进了全社会对融资租赁的认知，融资租赁从 20 世纪 70 年代初的鲜有人知发展成为 20 世纪 70 年代末设备融资的主要方式。

法律建设方面，1987 年租赁交易被正式编入美国《统一商法典》2A 编，其中对租赁交易的范围、租赁合同的履行、违约及其救济等做出了全面的规定。美国《统一商法典》租赁编是美国法律的产物，也是美国的市场经济和商事交易发展到一定历史阶段的必然产物，对现代租赁业制度建立有非常重要的意义。

第二节　融资租赁业发展现状

1. 世界融资租赁业发展概述

据怀特克拉克集团统计，1993—2018 年世界租赁业务额总体保持平稳增长，1993 年租赁成交额为 3096 亿美元，2018 年全球融资租赁新增业务额为 12870.1 亿美元，较 1993 年增长了 315.7%，较 2017 年增长了 0.33%。其中，北美、欧洲和亚洲仍是全球最主要的租赁市场，三个地区的新增业务额总和占全球的 95%以上。

具体来看，北美地区（美国、加拿大和墨西哥）作为全球最大的租赁市场，2018 年融资租赁新增业务额为 4601 亿美元，占全球的 35.8%。美国的融资租赁新增业务额为 4284 亿美元，增速为 4.4%。加拿大融资租赁新增业务额为 244.6 亿美元，增速仅 0.3%。

2018 年欧洲地区融资租赁新增业务额为 4270 亿美元，增速为-0.3%，占全球融资租赁业务额的比重约为 33.2%。据欧洲租赁协会以欧元作为计价单位的数据统计，欧洲地区 2018 年融资租赁业务额增长了 7.69%，这主要是由于汇率差异造成的。英国是欧洲最大的租赁市场，2018 年融资租赁新增业务额为 922 亿美元，同比增长 5.3%，约占欧洲租赁市场的 39%；德国 2018 年融资租赁新增业务额为 733 亿美元，较 2017 年增长了 2.4%；法国融资租赁新增业务额为 522 亿美元，增速为 9.8%，位居全球第六；意大利融资租赁新增业务额为 359 亿美元，增速为 5.5%，成为欧洲第四大租赁市场。

亚洲地区 2018 年融资租赁新增业务额为 3507 亿美元，增速为-1%，约占全球的 27.2%。2018 年中国融资租赁市场增速放缓，是亚洲地区呈负增长的主要原因。中国作为全球第二大租赁市场，2018 年融资租赁新增业务额为 2544 亿美元，增速约为 1.27%，比 2017 年的增速下降了 19.13 个百分点。日本是亚洲第二大租赁市场，2018 年融资租赁新增业务额为 663 亿美元，增速约为 6.8%。

此外，据怀特克拉克集团报告估测，2018 年澳大利亚与新西兰融资租赁新增业务总额占全球的 2.2%。其中，澳大利亚融资租赁新增业务额为 285 亿美元，增速为 0.25%，位列全球第八。

南美地区 2018 年融资租赁新增业务额为 146 亿美元，增速为 −14.5%，占全球的 1.1%。其中，哥伦比亚是南美洲最大的租赁市场，其次是智利、巴西、秘鲁和阿根廷。非洲地区 2018 年融资租赁新增业务额为 62 亿美元，增速约为 9%，仅占全球的 0.5%。其中，南非、尼日利亚、摩洛哥和埃及等四个国家位列全球前 50 名（见表 2-1）。

表 2-1　2018 年排名前 50 地区融资租赁业务情况

排名	地区	年业务额/十亿美元	增长率/%	市场渗透率/%	数据来源
1	美国	428.40	4.40	21.50	(4)
2	中国	254.42	1.27	6.90	(5)
3	英国	92.17	5.30	32.90	(2)
4	德国	73.32	2.39	15.90	(2)
5	日本	66.34	6.80	5.20	(1)
6	法国	52.18	9.79	16.90	(2)
7	意大利	35.90	5.47	16.10	(2)
8	澳大利亚	28.51	0.25	40.00	(1)
9	加拿大	24.46	0.30	39.00	(1)
10	波兰	22.20	21.80	27.00	(2)
11	瑞典	20.88	−19.61	22.40	(2)
12	俄罗斯	20.59	20.71	未知	(2)
13	瑞士	13.49	8.01	12.50	(2)

续表

排名	地区	年业务额/十亿美元	增长率/%	市场渗透率/%	数据来源
14	中国台湾	13.42	16.89	10.80	(1)
15	韩国	12.18	5.94	9.00	(1)
16	西班牙	11.89	11.61	6.60	(2)
17	丹麦	11.49	0.97	25.30	(2)
18	奥地利	9.36	10.78	14.00	(2)
19	荷兰	8.71	19.67	8.00	(2)
20	挪威	8.57	5.31	12.10	(2)
21	比利时	7.72	4.63	10.00	(2)
22	墨西哥	7.25	-6.77	未知	(3)
23	捷克	5.36	-1.92	12.30	(2)
24	土耳其	5.24	-4.16	未知	(3)
25	芬兰	5.20	1.96	16.00	(4)
26	葡萄牙	4.98	16.70	18.70	(2)
27	哥伦比亚	4.84	0.15	未知	(3)
28	智利	4.74	9.90	未知	(3)
29	南非	3.51	12.86	未知	(4)
30	匈牙利	2.93	13.30	8.50	(2)
31	斯洛伐克	2.79	-7.47	15.00	(2)
32	巴西	2.69	22.90	未知	(3)
33	罗马尼亚	2.55	2.00	未知	(4)
34	立陶宛	2.41	7.06	31.64	(2)
35	斯洛文尼亚	1.76	3.77	19.60	(2)
36	保加利亚	1.71	20.21	13.90	(2)
37	印度	1.58	60.21	0.60	(5)
38	秘鲁	1.56	-8.40	未知	(3)
39	爱沙尼亚	1.45	4.08	29.20	(2)

续表

排名	地区	年业务额/十亿美元	增长率/%	市场渗透率/%	数据来源
40	马来西亚	1.41	-10.48	未知	(1)
41	摩洛哥	1.27	2.2	15.00	(1)
42	拉脱维亚	0.99	3.74	14.90	(2)
43	伊朗	0.85	-17	0.50	(1)
44	乌克兰	0.81	10.84	未知	(2)
45	埃及	0.73	45.00	未知	(4)
46	尼日利亚	0.65	11.00	未知	(5)
47	中国香港	0.45	11.37	未知	(1)
48	希腊	0.38	-36.58	2.10	(2)
49	波多黎各	0.37	5.23	未知	(3)
50	阿根廷	0.35	-20.82	未知	(3)
总计		1287.01			

注：表中各地区增长率以其本币计算所得。(1) 表示该国国家租赁协会；(2) 表示欧洲租赁协会；(3) 表示阿尔塔集团；(4) 表示作者的估算；(5) 表示其他数据资料。

资料来源：怀特克拉克报告。

2. 国际主要融资租赁市场概况

(1) 美国。

1952 年美国租赁公司的设立，标志着现代融资租赁业的诞生。经过近 70 年的发展，美国已经形成了租赁规模庞大、租赁观念普及、经营方式多样、融资租赁主体发育成熟的融资租赁产业。

市场规模：美国仍然是全球最大的单一租赁市场，2018 年其融资租赁新增业务额为 4284 亿美元，增速为 4.4%，比 2017 年的增速下降了 2.5 个百分点，但仍高于 2018 年美国 GDP2.9%的增速。

业务领域：在美国融资租赁市场中，租赁设备类型众多，横跨多个行业。出租客体从各种运输工具到大型成套设备，从各种通用设备到专用生产设备，种类丰富，包括农业机械、计算机设备、建筑设备、发电设备、工业制造设备、医疗设备、矿产石油天然气设备、办公设备、电信设备、运输工具等，其中以运输工具（飞机）、计算机设备、农业机械、发电设备为主。

从行业占比看，服务业居美国融资租赁市场的主导地位，市场份额超过50%。近年来，交通设备租赁业在美国租赁市场交易很活跃，信息处理设备租赁业在美国租赁市场占比不断提高。据美国2019年设备融资报告，在交通运输设备融资方式中，租赁所占比重高达33%，医疗设备、计算机设备中的占比则分别为31%、30%，办公设备、家居、汽车中依次为27%、26%、21%（见图2-1）。

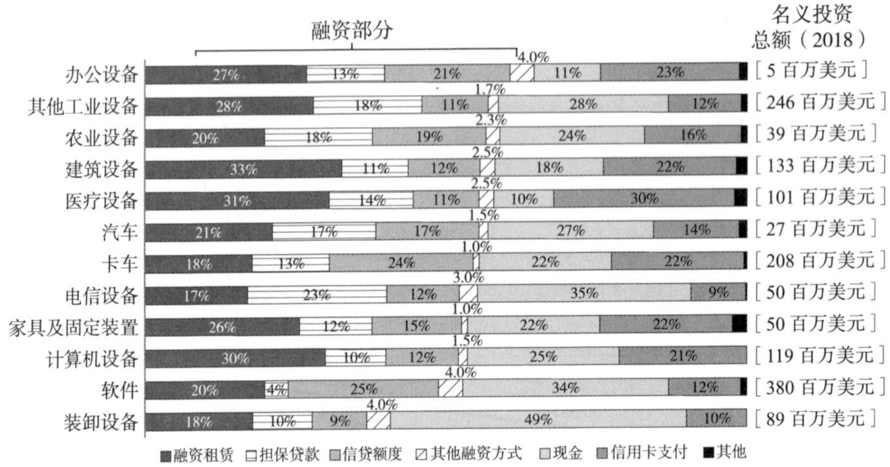

注：部分设备未收到足量的反馈数据，约占3%。

图2-1　2018年美国设备融资方式使用情况

资料来源：美国2019年设备融资报告。

融资：国际上比较成功的银行系租赁公司一般都采用母行独资的形式，其目的在于更好地利用母行的风控体系与资金优势，在资金来源上获得母行的全力支持，有利于推动租赁公司的健康快速发展。美国银行系租赁公司的资金也大多来源于股东银行，占比超过50%。部分银行系租赁公司的资金甚至全部来源于股东银行，如富国银行设立的富国租赁、摩根大通的融资租赁业务和EVER Bank设立的租赁公司等。

监管：美国对租赁业的监管持开放态度，其政府将租赁视为普通的商业服务，并不采取特殊监管方式。通常来说，厂商背景和独立背景的租赁公司被视为普通的工商企业，主要由市场机制来调节；对于银行背景的租赁公司则采取并表监管模式，纳入银行监管部门的管理范围。在美国，设立租赁公司采取注册制，不需要通过市场准入的行政审批，同时银行也被允许直接从事租赁业务。

（2）日本。

20 世纪 60 年代是日本经济高增长时期，企业设备投资意愿旺盛，资金出现短缺，租赁作为新的设备投资手段应运而生。1963 年，日本国际租赁株式会社成立，标志着日本现代租赁业的开启。据日本租赁协会最新发布的统计数据，2019 年日本融资租赁交易额为 53331 亿日元，较 2018 年增加了 3202 亿日元，增长率为 6.4%；融资租赁资本投资额为 49938 亿日元，较 2018 年增加了 2535 亿日元，增长率为 5.3%。2019 年，日本租赁渗透率（融资租赁的资本投资额与社会资本投资总额的比率）为 5.71%，即社会资本投资总额中约有 5.71%是通过融资租赁实现的，较 2018 年提高了 0.33 个百分点。

日本租赁是以融资租赁为核心发展起来的，发展过程大致分为以下几个阶段：

1963—1968 年为日本融资租赁行业的“发展初期”。20 世纪 60 年代是日本经济的高增长时期，当时企业设备投资意愿旺盛，资金出现短缺，租赁作为新的设备投资手段得以应用、发展。1963 年日本国际租赁（现为 GE 资本租赁）、1964 年日本东方租赁株式会社和东京租赁株式会社先后成立，这三家公司的成立揭开了日本现代租赁事业的第一页。

1969—1977 年为日本融资租赁行业的“快速增长期”。该时期日本经济继续保持高速增长，技术革新突飞猛进，投资需求特别旺盛。大银行、大商社、大厂家纷纷进入租赁业，相继成立综合租赁公司，这些公司充分利用母公司营业渠道，租赁交易量快速扩大，年平均增长率高达 30%~50%。目前日本主要的租赁公司多数成立于该时期。

1978 年至 20 世纪 80 年代末为日本融资租赁行业的“平稳增长期”。这一时期，日本信息技术发展迅速，传统行业信息化改造需投入大量设备，政府则执行宽松金融政策。在这种环境下，租赁公司数量增多，不断有专业租赁公司设立，电脑、汽车、建筑等行业企业陆续建立自己的租赁公司，同时人寿保险信用金库等金融机构也纷纷涌入租赁业。由此，日本租赁业进入全面竞争期。租赁占民间设备投资比例也从 20 世纪 80 年代初的 2.9%提高到 20 世纪 80 年代末的 7.1%。1984 年日本政府规定租赁适用投资促进税制，享受税收优惠。1986 年，世界租赁大会在东京召开，日本一些大型租赁公司开始拓展境外租赁业务。

20 世纪 90 年代初至今为日本融资租赁行业的“发展调整期”。20 世纪 80 年代以后，日本工业化基本完成，传统制造业出现饱和，大量资金开始进入金融和房地产领域，部分租赁公司参与房地产炒作，脱离租赁主业。20 世纪 90 年代后期日本泡沫经济崩溃，租赁业发展陷入低迷。1997 年亚洲金融危机期间，日本第一家租赁公司——日本国际租赁倒闭，申请公司再生。2000 年以后，日本经济逐渐恢复，租赁业发展开始迎来新的转机，日本政府调整修改租赁相关法律，放宽租赁经营限制，租赁业开始恢复。

业务领域：在日本使用租赁的企业比例达到了 91%，可以看出租赁成为企业运营中必不可少的部分。不同行业的租赁交易额显示，占比最高的是非制造业，达到了 63.5%。在非制造业中，批发零售业、服务业、医疗保健业、邮政和交通运输业、信息通信业、房地产及货物租赁业的市场规模较大，交易额较 2018 年均有大幅增长。从设备类别看，信息和通信设备、交通运输设备、商业及服务业设备、工业设备和办公设备的融资租赁交易额较大，占比合计超过 75%。在信息和通信设备中，占一半以上的是“计算机相关”设备（电脑等），紧随其后的是运输用设备（汽车、船舶等）、商业及服务业设备、工业设备、办公设备、医疗器械等。

当前，日本租赁业呈现出四个明显的特点。一是投资主体多元化。日本租赁市场主要由金融机构和大商社出资组建全国性租赁公司、由厂家或经销商出资成立专业租赁公司以及由地方银行组建地方性租赁公司，从投资来源看，基本可分为银行型、厂商型和银行贸易复合型三大投资类型。二是资金来源以银行贷款为主。日本租赁公司八成以上资金依靠银行贷款，债券市场的融资规模占比较少。三是业务类型渐趋多样化。目前租赁公司除租赁业务外，还可经营房地产、投资及贷款等业务。四是融资租赁仍是主业。日本租赁业是以融资租赁为核心发展起来的，目前融资租赁仍是主要方式，也有部分大型租赁公司开始着手经营租赁，或对特定设备开展维修服务租赁。

监管：日本没有专门为租赁公司制定的法律法规或者管理办法，根据各租赁公司的股东性质或者业务内容，受到的监督管理可以分为三类。对于所有租赁公司（包括银行系和非银行系），监督机构为经产省，日本的租赁公司均为协会的会员，协会制定一些租赁行业的共通准则，然后对相关税法和会计处理法规等提出建议。股东为银行的租赁公司，监管机构为金融厅，适用银行法，租赁公司受到的监管要求和银行相同。特别的是，针对开展“贷金业”的租赁公司（包括银行系和非银行系），监管机构是金融厅。所有日本租赁公司都可以申请贷金业务，并适用相关法律，受到金融厅监管。

（3）欧洲。

欧洲主要的融资租赁市场是英国及德国。1960 年，英国第一家租赁公司——英美合资的商业租赁公司正式成立，从此开始了英国现代租赁的新时期。其后，大部分融资机构和商业银行都开办了租赁业务，以此作为推进发展工业融资业务的手段。

在德国，融资租赁业作为一种投资选择在 20 世纪 60 年代从美国传入，此后逐步得到推广，尤其是 90 年代发展步伐加快。根据德国租赁协会对其会员单位的统计，2019 年德国新增租赁业务额为 653 亿欧元。

业务领域：英国设备租赁中，产业机械一直居第一位；其次是电脑、办公室用设备、商用车辆、汽车和飞机、船舶、石油开采设备等。在英国的租赁市场上，银行、保险公司、金融和商业机构所用设备占最大份额；其次为交通和通信工具、制造工业、旅馆设施、能源和供水设施，以及政府部门办公用具及电话交换设备等。

租赁物分为动产和不动产两大类。动产，即可移动的投资产品，主要是设备；不动产一般指房地产。2019 年德国设备租赁新增业务额为 638 亿欧元，占租赁公司投资总额的 85.8%，不动产租赁新增业务额为 15 亿欧元，占租赁公司投资总额的 2%。具体来看，2019 年乘用车、商用车等车辆资产仍是德国租赁市场中最主要的资产，约占德国租赁新增业务额的 78%；生产设备是第二大租赁资产类别，约占新增业务额的 8%；办公设备、IT 设备约占 5%；通信工程、信号设备及其他设备约占 5%；飞机、船舶和轨道交通约占 2%；不动产约占 2%。不动产包括工业厂房、酒店、休闲地产、公共设施、写字楼和零售店铺等，以工业厂房为主。

特点：以英、德、法为代表的经济发达国家（其第二产业和第三产业均发达）是欧洲租赁市场发展的主力军。根据《2018 欧洲租赁业发展报告》，三国 2018 年新增业务量占到整个欧洲（统计量占全部的 91%，可视为全欧洲）的一半以上（约 54%），可见租赁发展与经济发展程度仍呈高度的正相关。欧洲的租赁物基本上都是设备。2018 年欧洲设备租赁新增 3718 亿欧元，不动产租赁仅增 145 亿欧元，二者之比约 27∶1。在欧洲，设备的租赁渗透率高达 25.9%，比整个租赁市场的渗透率高 13.1 个百分点。而所有设备租赁资产中，车辆是主力，占到整个欧洲租赁新增资产的 72%，其中乘用车占

53%，商用车占19%。

3. 中国融资租赁业概况

（1）市场规模。

20世纪80年代改革开放初期，中国步入金融体制改革新时期，企业面临技术改造、设备更新需求而同时又遭遇资金短缺，因此政府牵头并成功试办了第一批融资租赁业务。1981年初中国国际信托试办租赁业务，收效良好；同年4月，中国东方国际租赁公司设立，成为我国首家现代意义上的租赁公司；同年7月，我国首家金融租赁公司——中国租赁有限公司成立。两家租赁公司的先后成立建立标志着我国融资租赁业的开启。

据中国银行业协会金融租赁专业委员会数据，截至2019年第三季度末，国内已开业的金融租赁公司达67家（不含3家专业子公司），资产总额已突破3万亿元。

据中国银行保险监督管理委员会数据，截至2019年末，全国共有融资租赁公司11124家，比上年增加518家，同比增长5%。截至2019年6月末，融资租赁公司共10900家，注册资本金合计30699亿元，资产总额合计40676.54亿元。

总的来看，我国的融资租赁行业发展经历了以下几个重要的阶段：

一是被引入并迅速发展阶段（1981—1992年）。

1981年中信公司与日本东方租赁合资成立中国东方国际租赁公司，我国第一家现代意义的租赁公司宣布诞生。融资租赁业发展初期，我国的租赁公司主要由国内外银行、租赁公司和贸易公司投资组成，体现了银贸结合的特点，主要是为国内用户解决资金短缺的困难和引进先进的设备而服务的。初期业务规模并不大，1981—1983年的业务量每年只有几百万美元。1984—1985年大批租赁公司先后成立，业务量成百倍地增长，1985年业务量估计为3亿~4亿美元。

1986年以后我国租赁业开始稳步发展。随着社会主义市场经济体制的建立，企业努力适应市场变化的要求，通过产品创新、工艺改革、设备更新来实现高效益。由于金融改革之后，为民营企业服务的金融机构很少，而国有银行主要为规模较大的国有企业服务，民营企业从银行贷款受到各种限制。在这种资金需求与供给矛盾十分突出的情况下，借设备生产、盈利还款的融资租赁方式得以迅速发展，不仅解决了企业技术进步的问题，也极大地促进了民营企业的发展。

到 20 世纪 80 年代后期，我国已建立专业租赁公司 50 多家，兼营租赁的信托投资公司、银行、外贸、物资企业及其他附属的租赁机构达 200 多家。总体来看，这段时期，因经济形势和产业发展需要，融资租赁业态在中国生根。伴随着改革开放的推进，融资租赁企业数量和业务规模均迅速增长，租赁年交易额由 1981 年的 186 万美元发展到 1992 年的 38.32 亿美元。

在租赁业刚刚兴起的时候，大量的业务集中在经济建设处于领先地位的轻工和纺织行业。后期由于轻纺行业受到冲击，融资租赁转向邮电通信、能源建设、化工、建材等效益较好的行业。虽然融资租赁由国外引进，但在发展过程中逐渐适应我国的经济结构和融资需求，国外普遍采用融资租赁方式的交通运输工具、办公自动化设备等在我国融资租赁业中所占比例相当小（见图 2-2）。

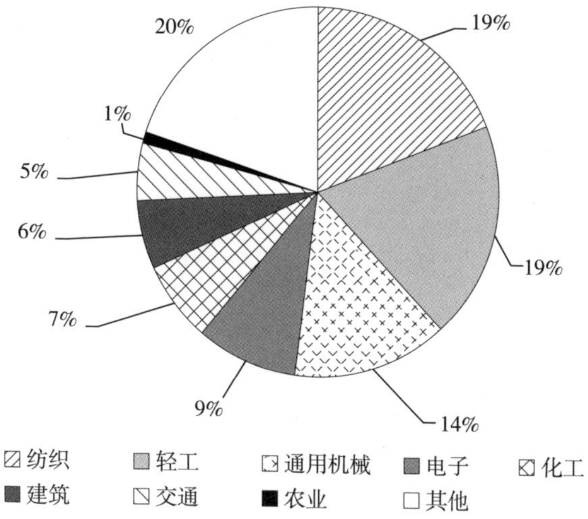

图 2-2　1986—1990 年国内租赁业务按行业分布情况①

① 资料来源：张稚萍．中国融资租赁业的发展和特点［J］．国际经济合作，1994，23（1）：22-24.

二是问题暴露和整改期（1993—1998 年）。

20 世纪 90 年代以后，受经济结构变化影响，融资租赁作为金融手段开始运用到更多的行业，业务领域涉及轻工、重工、能源、交通运输、建材、化工、邮电通信、航空、海运、旅游、科研、医药卫生等数十个生产及服务性行业，租赁公司也更倾向于在不易受到经济波动冲击的重工业行业中选择融资租赁项目。到 1994 年，我国已有专业租赁公司 70 多家，其他兼营租赁业务的机构达 400 多家。融资租赁发挥出盘活存量资产、促进销售流转的作用，业务方式也由过去简单的融资租赁发展为杠杆租赁、售后回租、转租赁等方式。

然而我国现代租赁业在 20 世纪 90 年代初期进入停滞，与全球现代租赁业当时的迅速增长形成鲜明对比。这是由我国经济发展的内在原因决定的。

1992—1993 年，受国有企业部分破产、倒闭影响，国内的欠租大规模爆发。同时受全球金融机构兼并重组的影响，租赁公司的德国股东和法国股东与其他银行合并，无暇顾及公司的经营到期问题。而且日本银行的兼并重组也导致新组建的银行对租赁公司进行收缩调整。外资开始撤离中国租赁业，这给租赁业的发展带来了一定影响。

多重问题的爆发使得我国租赁业进入停滞，租赁业交易额由 1993 年的 36.7 亿美元下降到 2001 年的 10 亿美元。一批租赁公司面临破产、重组。其中部分租赁公司成功重组，并持续经营，部分租赁公司就此解散，中国租赁业完成第一次洗牌。

三是法制建设和恢复调整期（1999—2006 年）。

随着行业的发展，国内对融资租赁的认识越来越清晰，同时经济的发展带来了大量的融资需求。一方面中国加入了 WTO，推动了国外的厂商进驻中国设立厂商系融资租赁公司；另一方面 2004 年国内正式启动了内资融资租赁试点工作，相配套的政策环境也得到不断的优化，租赁业得以重构发展。

从 1999 年开始，我国陆续完成了融资租赁法律框架的建设，包括：

①《合同法》(1999 年 3 月 15 日颁布)。

②《企业会计准则——租赁》(2001 年 1 月 1 日生效)，后改为《企业会计准则第 21 号——租赁》(2006 年 2 月 15 日生效)。

③《金融租赁公司管理办法》(2000 年 6 月 30 日发布)，经修改，已于 2007 年 3 月 1 日起实行。

④《外商投资租赁公司审批管理暂行办法》(2001 年 8 月 13 日发布)，后修改为《外商投资租赁业管理办法》(2006 年 3 月 15 日发布)，已于 2018 年失效。

2004 年以后发生的三件大事，标志着我国融资租赁业进入了恢复活力期：

①外商独资融资租赁的开放：2004 年 4 月，经商务部批准成立的卡特彼勒（中国）融资租赁有限公司完成登记注册。2004 年 12 月 11 日，商务部外资司宣布自即日起开放外商独资融资租赁。

②内资融资租赁的试点：2004 年 12 月，商务部和国家税务总局联合批准 9 家内资融资租赁公司试点单位。

③《金融租赁公司管理办法》的修订：2007 年 1 月，中国银行业监督管理委员会（银监会）发布修订的《金融租赁公司管理办法》，重新允许国内商业银行介入金融租赁，并陆续批准其所管辖的银行设立金融租赁公司。

四是跨越式发展阶段（2007 年至今）。

2007 年 11 月，由中国工商银行独资设立的工银金融租赁有限公司正式在天津挂牌成立。这是 2007 年新修订的《金融租赁公司管理办法》颁布后第一家正式开业的由商业银行发起设立的金融租赁公司。自此，融资租赁业开启了十年快速发展的黄金时期。

在这一阶段经济的飞速发展特别是基建投资规模的快速增长也刺激了融资租赁公司数量突飞猛进，资产规模得以快速积累。金融租赁公司的数量由 2008 年的 12 家增至 67 家，资产规模由 2008 年的不到 800 亿元增长到超 3 万亿元。融资租赁公司的数量则达到万家，资产规模突破 4 万亿元。

同时融资租赁的服务领域由原来的工程机械、纺织、印刷等行业拓展至高端装配制造、信息与通信技术、新能源与大健康等众多产业，在飞机租赁等领域实现了跨越式发展。

以飞机租赁为例，2007 年底，国内航空公司租赁机队规模为 481 架，而当时市场上活跃的中国租赁公司只有 4 家。经过数十年的发展，中国租赁公司已经成为满足国内航空公司对于飞机租赁和融资需求的主力军，占据新飞机租赁市场 90%以上的份额。同时，中国飞机租赁公司在全球航空金融产业中的影响力也不断提升。

在支持制造业升级方面，融资租赁一方面发挥盘活存量资产作用，支持企业设备更新换代，提高生产效率；另一方面通过开展污水处理设备租赁、轨交设备租赁、新能源汽车租赁等业务支持新兴产业发展。在支持民生工程方面，融资租赁积极在电力、轨道交通医疗等行业为企业建设及设备购置提供服务。在扶持中小微企业方面，融资租赁不断推出计算机、农机等中小型设备租赁业务，为中小微企业发展提供金融支持。

（2）市场格局。

目前，我国融资租赁企业数量已逾万家，行业整体开业率较低。主要的资产和新增业务集中在前两三百家企业之中，而这其中又以银行系金融租赁公司、央企系融资租赁（金融租赁）公司、独立第三方融资租赁公司最具代表性。

①银行系金融租赁公司。

银行系金融租赁公司方面，截至 2019 年末，67 家金融租赁公司中，47 家具有银行股东背景，包括国有大行、政策行、股份行、城商行、农商行等。由于股东背景、资源禀赋的不同，银行系金融租赁公司的资产规模、盈利能力分化较大，行业梯队已然显现。国有大行、股份制商业银行系金融租赁公司具有较强竞争优势，截至 2019 年末，8 家银行系金租资产规模突破千亿元，包括国有大行旗下的工银租赁、交银租赁、建信租赁，政策行旗下的国银租赁，股份行旗下的招银租赁、民生租赁、兴业租赁、华夏租赁。农商行、城商行系金融租赁公司多成立于 2014 年《金融租赁公司管理办法》再次修订后，成立时间普遍较晚，资本金规模整体偏小，受母行自身经营规模及业务开展区域所限，能够获得的母行支持普遍较弱，在成立初期，其业务开展具备一定的区域特征。目前来看，城市、农商行金融租赁分为两个梯队，第一梯队资产规模在 300 亿元以上，部分达到 500 亿元规模，业务布局立足全国，第二梯队资产规模在 300 亿元以下，部分甚至不足 100 亿元，业务布局更多立足当地区域。

银租联动协同是银行系金融租赁公司的普遍经营模式，特别是在发展初期，在资金来源、业务渠道、决策管理、风险控制等各方面都依赖于母行系统，依托母行资源实现快速扩张。在形成一定专业能力后，金融租赁公司就具备了一定独立的业务渠道，具备独立的业务决策和成熟的业务风险管理团队，但同时还会借助母行系统开展风险管理，保持与母行系统的信息共享，而母行的基础信用仅为最终的流动性风险控制而使用。对于大部分银行系金融租赁公司而言，其拥有母行信用的支撑而具备更宽松的资金来源，租赁资产主要分布在交通运输、基础设施建设、电力热力燃气及制造业等重资产的行业。上述行业均为资金密集型领域，资金需求旺盛且业务模式相对成熟。

在商业模式方面，银行系金融租赁特别是大行旗下金融租赁，因为拥有得天独厚的资源优势，在境内外联动、跨境租赁方面表现尤为突出。主要包括两个层面：一是资金资本层面，主要是跨境资产流转和资金融通；二是业务层面，主要是跨境租赁和离岸租赁。金融租赁的境内外联动模式主要是依靠强大的股东背景，利用不同国家和地区的资金价格和税收的差异实现跨市场套利，也利用境内外两个市场形成和流转资产、融通资金、募集资本、管理流动性和资产负债，实现运作模式的国际接轨和经营管理能力的借鉴提升。

以工银租赁为例，其母公司为中国工商银行，主要经营航空、航运及能源电力、轨道交通、装备制造等重点领域大型设备的金融租赁业务，提供租赁资产转让、投资基金、投资资产证券化、资产交易、资产管理等多项金融与产业服务。航空、航运、大型设备是工银租赁重点打造的三大租赁业务板块。2019 年末，工银金融租赁资产规模达到 2709 亿元。

②央企系融资租赁（金融租赁）公司。

融资租赁是最贴近产业的现代金融服务方式。近年来越来越多的产业集团进入这个领域，已经有近 70 家央企投资设立了融资租赁公司，资产总规模也接近万亿元，成为行业中的重要力量。从融资的角度看，由于有母公司的背景，相对来说比其他租赁公司更容易获得资金。央企系租赁公司的一个明显特点是围绕母公司来开展业务，根据市场化程度，可以将央企系租赁公司分成三大类型：完全内部业务为主；市场化为主；或者内外兼做，略有侧重。

当前央企系租赁公司呈现较大分化特征，其中股东实力较强且控股比例较高的公司，与控股股东往往有较为紧密的战略协同，在服务集团战略的同时，也发挥专业优势，在既定目标市场，多渠道获客，实现规模化经营。

商业模式方面，央企系租赁公司的股东一般都是产业龙头企业，在细分市场具有较强控制力和上下游企业增值服务能力，因此央企系租赁公司可以利用生产商或经销商的渠道获取客户，以租赁切入，深度融入细分产业，精确甄别客户，提供深入、多样化的产业服务。在租赁物经营和处置方面，央企系租赁公司具备更强的能力，能够充分实时获取信息，并运用丰富的风控手段。盈利方面，央企系租赁公司一方面可以通过利差、手续费、保证金等获取自身收益；另一方面利用专业能力，深入产业链各环节，通过残值处理或咨询服务管理等，延伸母公司的价值链，提高综合收益率。

以国网租赁为例，其是国家电网旗下的融资租赁公司，立足服务国家电网公司和能源电力行业转型发展，着力提升服务国家电网和电力产业链上下游企业能力，电网系统外投放主要为国电、华电、大唐等大型国企电源类企业。立足电力行业，国网租赁打造了全产业链服务产品，通过融资租赁、商业保理、资产管理、技术咨询等一系列产品和服务，为客户提供一揽子融资服务方案。截至 2019 年末，国网租赁资产总额达到 685 亿元。

以中铁金租为例，其是中国铁建旗下的金融租赁公司，紧跟中国铁建市场区域，深入推进基础设施租赁项目，通过“三促两代（带）”的创新服务模式，推动产融结合项目落地，服务系统内企业。具体操作上，中铁金租通过“以租促销”，帮助系统内设备生产企业加快销售款回笼，扩大产品销售渠道；通过“以租代购”，满足系统内单位设备购置需求；通过“以租促揽”，充分挖掘客户相关的工程项目信息资源，帮助系统内单位扩大承揽规模；通过“以租带建”，利用客户渠道优势，捕获建设项目信息，通过提供售后回租等方式盘活其优质存量资产，满足其融资需求，协同系统内单位参与基础设施建设施工；通过“以租促收”，针对系统内单位已垫资的存量项目，采用售后回租手段，指定承租人将投放资金用于支付相应的“应收工程款”帮助相关企业将“应收工程款”变现。截至 2019 年末，中铁金租资产总额达到 486 亿元。

［**案例**］

（一）“以租促销”案例

项目名称：某市地铁盾构机融资租赁项目

承租人中标某市轨道交通 9 号线 5 个 TBM 区间工程项目以及地铁 6 号线二标第三项目部工程，计划采购 4 台套盾构机用于两个项目建设，经双方协商，最终确定通过融资租赁（直租）方式解决设备的资金问题，并由中铁金租作为出租人，铁建重工作为设备供应方。该项目促成承租人选择铁建重工为供货商，帮助铁建重工扩大产品销售，加速销售款回笼。如承租人发生租金逾期，铁建重工可强制将盾构机锁机，在一定程度上缓释了项目风险。

（二）“以租代购”案例

项目名称：中铁某工程局集团 2 台盾构机经营租赁项目

承租人于2018年11月中标苏州市轨道交通S1线工程土建施工项目，计划采购2台套盾构机用于该项目建设，经双方协商，决定通过经营租赁方式解决设备的资金问题，并由中铁金租作为出租人，铁建重工作为设备供应方。通过该项目中铁金租帮助铁建系统内工程局以租赁的形式代替购买方式获得盾构机设备，降低工程局前期施工成本及有息负债，优化财务报表。

（三）“以租促揽”案例

项目名称：中铁某工程局简阳以租促揽项目

四川某投资有限公司为落实当地“村组道路硬化项目”和“乡乡连高速项目”相关政策，有施工建设和融资需求。中铁金租联合工程局共同参与相关项目建设，中铁金租以售后回租方式为项目融资，工程局作为施工方负责项目建设，工程完工并确认工程计价款后，由项目回购方向承包方支付该项目回购价款。通过租赁项目中铁金租与业主方建立合作关系，提前沟通工程建设事宜，有效提升系统内工程单位投标过程话语权，提高承揽效率。中铁金租在投放租赁项目前已进行全面尽职调查，一定程度上保障了工程局工程款的回收。

（四）“以租带建”案例

项目名称：LNG融资租赁项目

中铁金租从公司某存量客户处了解到其投资的某液化天然气项目有融资需求，在精确掌握客户项目投资建设需求的情况下，中铁金租全面深入了解项目情况，研究设计交易模式，密切跟踪项目动态，为客户量身定制了“EPC+F”一揽子整体业务解决方案，即通过“以租带建”引入集团内工程局参与该项目，成为该项目的EPC总包方，进行统一采购、管理、安装，资金由中铁金租支付给工程局后，再分别支付给各厂商。通过该项目，中铁金租在不降低工程单位及自身收入的前提下，与铁建系统内工程单位组成联合体投标，对客户优质存量资产回购融资，协同铁建系统内工程单位参与基础设施建设施工，帮助工程单位扩大承揽规模，充分发挥中国铁建产业协同效应，提升集团整体收益水平。

（五）“以租促收”案例

项目名称：某旅游设施回租项目

中铁某工程局施工的市政道路项目已完工，工程局仍有应收工程款未收回。基于此，中铁金租以旅游设施作为租赁物拟通过提供一笔融资租赁业务，协助工程局加快回收该市政道路项目工程款。经双方协商，决定通过融资租赁（回租）方式解决资金问题，承租人承诺收到融资款后将优先支付工程局应收工程款。通过该项目，中铁金租实现了在支持外部优质客户的同时，通过要求租赁资金定向支付应付工程款等方式达到协助工程局回收应收工程款的目的。

③独立第三方融资租赁公司。

独立第三方融资租赁公司的股东多为大型外贸、物流、综合性企业集团、上市公司、各类专业投资机构和民间资本等。股东背景的复杂性，导致了独立租赁公司的市场定位相对复杂和不清晰。随着行业的发展，当前一批各具特色、差异化发展的公司已经脱颖而出，这其中典型的商业模式已经展现出强劲的市场竞争潜力，在特定领域占据了一定市场份额并建立了可持续的商业模式，具有代表性的就是转型为平台增值服务型的独立第三方租赁公司。

平台增值服务型租赁公司指的是深耕某一特定市场多年的第三方公司，其发展轨迹经历了探索目标市场、建立专业能力、拓展增值服务、实施平台化经营的漫长过程。考虑到行业竞争程度，该类租赁公司一般致力于将金融服务下沉，客户定位于小微企业甚至个人，选择单体价值不高、通用性强、二级市场较为成熟的标的物市场，转型初期依靠较高的风险定价来盈利，发展成熟后盈利点逐渐转向延伸服务。

独立第三方租赁公司的风控模式带有很强的自偿性质，在违约情况下主要依靠保证金、租赁物回收处置以及风险拨备来覆盖，到成熟阶段一般会与互联网和金融科技公司建立深度合作，或基于多年数据积淀自建线上平台，通过线上与线下相结合的方式获得和维护客户，通过大数据和多方征信平台对客户进行甄别和动态监控。在融资端，独立第三方租赁公司依靠底层资产通过银行贷款和保理进行融资，并与资本实力较强、资信较高的金融租赁或大型融资租赁公司合作。同时在自身资信积累达到投资级别、业务模式和底层资产得到市场认可时，已形成的租赁资产就会通过 ABS、ABN 等多种形式进入资本市场或货币市场。独立第三方租赁公司会在其发展的不同阶段寻求风险投资、战略投资并寻求公开上市，以突破资本瓶颈，兑现激励机制。

与发达国家租赁市场相比，我国融资租赁行业仍处于初级发展阶段，市场容量较大。在中国经济由高速增长转向高质量发展的主旋律下，以新经济崛起为标志的转型升级取得实质进展，自贸试验区升级、自由港建设等对外开放政策措施的密集推出，金融科技与金融各业态的深度融合，已经成为驱动金融创新的强劲动力。新的形势下，融资租赁行业将进入一个结构调整、创新升级的高质量发展时期。

预计下一阶段，股东的金融背景和产业背景将成为企业准入的重要因素，行业集中度和运行质量将显著提高。整个融资租赁行业将出现一轮较大幅度的市场格局调整：一批公司依托强大股东背景和雄厚的资金资本实力，通过规模化、综合化经营做强做大；一批公司依托股东的产业背景或多年积累的专业优势，通过创新发展，做专做精；大量既无股东优势，又缺专业能力的公司将退出市场。

（3）监管环境。

根据管辖方式、最低注册资本及股东差异等，将融资租赁企业分为三类：一是银保监会监管的金融租赁公司，二是内资试点融资租赁企业，三是外商投资融资租赁企业，后两类企业原先归属商务部监管，2018 年划归银保监会统一监管。

金融租赁公司方面，2014 年公布的《金融租赁公司管理办法》是金融租赁行业监管的基本法则，对金融租赁公司的发起人、业务范围、监管指标等提出了规范性要求。2014 年，中国银行业监督管理委员会对其进行了修订。目前由中国银行保险业监督管理委员会对金融租赁公司实施监管。

融资租赁公司方面，2020 年 6 月，中国银行保险业监督管理委员会对外发布《融资租赁公司监督管理暂行办法》，对融资租赁公司的业务范围、监管指标亦提出了规范性要求。与金融租赁公司直接由银保监会监管不同，融资租赁公司数量庞大，由各地方金融局承担监督管理职责。

由于融资租赁公司数量庞大，其中有不少未实质经营的企业。该暂行办法提出，地方金融监管部门要通过信息交叉比对、实地走访、接受信访投诉等方式，准确核查辖内融资租赁公司经营和风险状况，按照经营风险、违法违规情形将之划分为正常经营、非正常经营和违法违规经营等三类。

所谓非正常经营类主要是指“失联”和“空壳”等经营异常的融资租赁公司。“失联”公司是指满足以下条件之一的融资租赁公司：无法取得联系；

在企业登记住所实地排查无法找到；虽然可以联系到企业工作人员，但其并不知情也不能联系到企业实际控制人；连续3个月未按监管要求报送月报。“空壳”公司是指满足以下条件之一的融资租赁公司：未依法通过国家企业信用信息公示系统报送并公示上一年度年度报告；近6个月监管月报显示无经营；近6个月无纳税记录或“零申报”；近6个月无社保缴纳记录。

非正常经营类企业整改验收合格的，可纳入监管名单；拒绝整改或整改验收不合格的，纳入违法失信名单，劝导其申请变更企业名称和业务范围、自愿注销或协调市场监管部门依法吊销其营业执照。

预计随着监管要求的逐渐落地，融资租赁公司的数量将有一个较大幅度的下降。若不同地方金融监管部门实行差异化的监管细则，各地融资租赁公司会面临不同的发展环境，在出清上述“空壳”“失联”类公司之后，将呈现出一个全新的市场格局。

金融租赁公司、融资租赁公司主要监管要求、指标对比见表2-2。

表2-2　金融租赁公司、融资租赁公司主要监管要求、指标对比

	金融租赁公司	融资租赁公司
监管办法	《金融租赁公司管理办法》（2014）	《融资租赁公司监督管理暂行办法》（2020）
最低注册资本	注册资本为一次性实缴货币资本，最低限额为1亿元人民币或等值的可自由兑换货币	无
业务范围	无	（一）融资租赁业务 （二）经营租赁业务 （三）与融资租赁和经营租赁业务相关的租赁物购买、残值处理与维修、租赁交易咨询、接受租赁保证金 （四）转让与受让融资租赁资产 （五）固定收益类证券投资业务

续表

	金融租赁公司	融资租赁公司
租赁物范围	适用于融资租赁交易的租赁物为固定资产，银监会另有规定的除外	适用于融资租赁交易的租赁物为固定资产，另有规定的除外 融资租赁公司开展融资租赁业务应当以权属清晰、真实存在且能够产生收益的租赁物为载体。融资租赁公司不得接受已设置抵押、权属存在争议的财产或已被司法机关查封、扣押的财产或所有权存在瑕疵的财产作为租赁物
租赁资产比重	无	融资租赁公司融资租赁和其他租赁资产比重不得低于总资产的60%
杠杆倍数	金融租赁公司资本净额与风险加权资产的比例不得低于银监会的最低监管要求	融资租赁公司的风险资产总额不得超过净资产的8倍。风险资产总额按企业总资产减去现金、银行存款和国债后的剩余资产确定
集中度管理	（一）单一客户融资集中度。金融租赁公司对单一承租人的全部融资租赁业务余额不得超过资本净额的30% （二）单一集团客户融资集中度。金融租赁公司对单一集团的全部融资租赁业务余额不得超过资本净额的50% （三）单一客户关联度。金融租赁公司对一个关联方的全部融资租赁业务余额不得超过资本净额的30% （四）全部关联度。金融租赁公司对全部关联方的全部融资租赁业务余额不得超过资本净额的50% （五）单一股东关联度。对单一股东及其全部关联方的融资余额不得超过该股东在金融租赁公司的出资额，且应同时满足本办法对单一客户关联度的规定	（一）单一客户融资集中度。融资租赁公司对单一承租人的全部融资租赁业务余额不得超过净资产的30% （二）单一集团客户融资集中度。融资租赁公司对单一集团的全部融资租赁业务余额不得超过净资产的50% （三）单一客户关联度。融资租赁公司对一个关联方的全部融资租赁业务余额不得超过净资产的30% （四）全部关联度。融资租赁公司对全部关联方的全部融资租赁业务余额不得超过净资产的50% （五）单一股东关联度。对单一股东及其全部关联方的融资余额不得超过该股东在融资租赁公司的出资额，且应同时满足本办法对单一客户关联度的规定
监管分类	无	地方金融监管部门要通过信息交叉比对、实地走访、接受信访投诉等方式，准确核查辖内融资租赁公司经营和风险状况，按照经营风险、违法违规情形将之划分为正常经营、非正常经营和违法违规经营等三类

（4）主要聚集地经营环境。

①上海自贸区。

上海拥有发达的金融市场，成熟的金融服务体系，先进的金融模式。同时聚集了中国商飞、上海造船厂、江南造船厂等一大批高端制造企业和东方航空、中国海运等高端承租大户，可以说是传统宜租聚集之地。

2016年9月1日起施行的《上海市人民政府办公厅关于加快本市融资租赁业发展的实施意见》提出，争取到2020年，实现融资租赁业务领域覆盖面不断扩大，融资租赁市场渗透率显著提高，融资租赁资产规模占全国比重达30%以上，使融资租赁成为企业设备投资和技术更新的重要手段，成为社会投融资体系中的重要组成部分。

2016年国家"十三五"规划提出，到2020年，上海要基本建成国际经济、金融、贸易、航运中心。上海"四个中心"建设，是中国融资租赁业发展的重大区域性机遇；发展融资租赁，也会给上海"四个中心"建设带来新的机制、新的动力和新的支撑。在"四个中心"建设的背景下，打造中国融资租赁发展高地，以融资租赁为纽带，打造中国面向世界的金融中心、航运中心，并逐步形成高端制造产业集群。

2018年11月29日，《中国（上海）自由贸易试验区关于进一步促进融资租赁产业发展的若干措施》（以下简称"二十条"措施）发布。新出台的"二十条"措施包含支持融资租赁企业设立和发展、优化融资租赁产业创新发展环境、加大对融资租赁企业和人才的政策支持力度、支持融资租赁企业服务实体经济、提升融资租赁产业营商环境水平、创新政府服务模式等六个方面的服务措施。

②天津东疆。

2014年中国（天津）自由贸易试验区设立，总体方案中要求加快建设国家租赁创新示范区，2018年5月国务院发布深化广东、天津、福建三地自贸区改革方案，天津方案出台了一系列融资租赁利好政策。

天津一直在积极争取先行先试政策。例如，2011年5月，国家发展和改革委员会发布《关于印发天津北方国际航运中心核心功能区建设方案的通知》（发改基础〔2011〕1051号），允许金融租赁公司在东疆保税港区设立项目子公司等；2012年7月，财政部、海关总署、国家税务总局联合发布了《关于在天津东疆保税港区试行融资租赁货物出口退税政策的通知》（财税〔2012〕

66号），专门在天津东疆保税区试行退税政策；2015年8月，经营性租赁业务收取外币租金试点政策在东疆试行；2016年，天津自贸法庭落户东疆，作为司法支持租赁产业发展的重要平台；2018年，天津辖内融资租赁公司下设注册在天津的项目子公司（SPV）共享母公司外债额度。

东疆还首创“专家+管家式”服务理念，搭建了以监管职能部门联动支持、专业服务平台有效支撑、专业化团队贴心服务为特点的涵盖业务全流程的服务体系。同时不断优化营商环境，推动建立东疆租赁创新产业基金、国际融资租赁产权交易平台、融资租赁行业数据库，建立融资租赁学院，制定从业资格标准，等等。

③深圳前海。

前海融资租赁企业的政策优势主要体现在跨境人民币贷款业务上。

首先，区内企业从香港离岸市场融资的利率将低于在岸市场利率，香港银行还能充分享受地缘优势带来的尽调便利，这些因素均有利于降低前海租赁企业的融资成本；其次，前海的优势还体现在跨境贷款额度上，前海的金融租赁企业的贷款额度最高可达到资本金的11.5倍，融资租赁企业为9倍，而其他地区的融资租赁企业的贷款额度则相对较低；再次，前海跨境人民币贷款资金进入境内使用，办理国际收支申报；最后，前海融资租赁企业的跨境贷款期限自主确定，而其他地区则须一年以上。此外，还可跨境双向发债。

前海自贸区依托创新类企业取得突破发展，目前已聚集了4万多家创新型金融主体，包括融资租赁、商业保理、信用担保等。

2014年7月，深圳市政府正式发布《中国（广东）自由贸易试验区深圳前海蛇口自贸片区建设实施方案》，明确提出“以前海蛇口片区为核心，打造一个打通境内外、本外币、在离岸的资源配置市场，实现珠三角制造业与融资租赁新业态融合、境内存量资产与境外巨量资本充分对接的深港融资租赁产业生态圈”；2016年6月，广东省人民政府办公厅印发《广东省人民政府办公厅关于加快融资租赁业发展的实施意见》，再次将“前海蛇口片区致力于优化离岸资源配置，推动深港融资租赁业务合作，建设深港跨境融资租赁产业发展生态圈，开展跨境租赁资产证券化试点”作为主要任务之一。

第三节　融资租赁业未来展望

1. 金融科技赋能

根据金融稳定理事会（FSB）的定义，金融科技主要是指由大数据、区块链、云计算、人工智能等新兴前沿技术带动，对金融市场以及金融服务业务供给产生重大影响的新兴业务模式、新技术应用、新产品服务等。

金融科技涉及的技术具有更新迭代快、跨界、混业等特点，是大数据、人工智能、区块链技术等前沿颠覆性科技与传统金融业务与场景的叠加融合。主要包括大数据金融、人工智能金融、区块链技术和量化金融四个核心部分。

（1）大数据金融。

大数据金融重点关注金融大数据的获取、储存、处理分析与可视化。一般而言，金融大数据的核心技术包括基础底层、数据存储与管理层、计算处理层、数据分析与可视化层。数据分析与可视化层主要负责简单数据分析、高级数据分析（与人工智能有若干重合）以及对相应的分析结果的可视化展示。大数据金融往往还致力于利用互联网技术和信息通信技术，探索资金融通、支付、投资和信息中介的新型金融业务模式的研发。

（2）人工智能金融。

人工智能金融主要借用人工智能技术处理金融领域的问题，包括股票价格预测、评估消费者行为和支付意愿、信用评分、智能投顾与聊天机器人、保险业的承保与理赔、风险管理与压力测试、金融监管与识别监测等。人工智能技术主要包括机器学习理论等主要基于算法的前沿计算机科学知识。机器学习理论是人工智能概念范畴下的一个子集，主要覆盖三大理论：监督学习、无监督学习和强化学习。

（3）区块链技术。

区块链技术是一种去中心化的大数据系统，是数字世界里一切有价物的公共总账本，是分布式云计算网络的一种具体应用。一旦区块链技术成为未来互联网的底层组织结构，将直接改变互联网的治理机制，最终彻底颠覆现有底层协议，导致互联网金融的智能化、去中心化，并产生基于算法驱动的金融新业态，一旦成熟的区块链技术落地金融业，形成生态业务闭环，则金融交易可能会出现接近零成本的金融交易环境。但需注意的是，由于共识机制、私钥管理和智能合约等存在技术局限性和面临安全问题，区块链技术整合和应用落地将是一个长期的过程。

（4）量化金融。

量化金融以金融工程、金融数学、金融计量和金融统计为抓手开展金融业务，它和传统金融最大的区别在于其始终强调利用数理手段和计量统计知识，定量而非定性地开展工作，其主要金融场景有高频交易、算法交易、金融衍生品定价以及基于数理视角下的金融风险管理等。量化金融一直被视为金融业高端资本与智力密集型领域，科技含量极高，但近几年，高频与算法交易、金融风险管理、保险精算越来越依靠工业级大数据、人工智能前沿技术以及区块链技术来解决问题或重构原有金融业务逻辑、产品设计流程、监管监测控制环节。

现阶段，虽然相比于商业银行、证券公司等其他金融业态，金融科技在融资租赁公司中的运用范围和深度尚处在起步阶段，但在实践中也看到越来越多的租赁公司正在使用金融科技。以平安租赁为例，在汽车金融领域，其构建了“数据+模型+科技”的智能风控保障体系，在预审批和自动审批两个阶段建立了一套完整的审核机制，优化操作流程、提升用户体验；在小微金融领域，平安租赁搭建了基于大数据与AI人工智能构建的全线上化、智能化中小企业智能金融服务平台，提供全作业流程智能化服务，帮助中小微企业提升管理水平、创新融资模式。

总的来看，当前和今后一个时期内，融资租赁公司应用金融科技可以解决四类问题：一是数据收集和挖掘，用以发现和筛选客户；二是实现信息的充分和对称，用以实时识别和防控风险；三是提高业务运作的质量和效率，用以降低运营成本和操作风险；四是创新业务模式，延展增值服务链。

2. 行业加快转型

近年来，为控制业务风险、做大规模，各类融资租赁公司普遍将客户瞄准为基础设施、公用事业、医疗以及教育等与区域经济、地方财政状况密切相关的行业领域，或是其他行业中的国有企业或大中型民营企业，融资租赁服务中小企业、助推经济转型的功能没有得到充分发挥。随着融资租赁行业进入稳步发展阶段，特别是在金融去杠杆、行业监管及地方债务控制进一步趋严的背景之下，各类融资租赁公司在业务发展上面临较大的转型压力。

（1）加速“三化”进程。

融资租赁行业作为与实体经济紧密相连的金融业态之一，行业自身的高质量发展对于推动我国转变发展方式、优化经济结构、实现经济高质量发展具有重要意义。经过了过往十余年的高速增长之后，融资租赁行业高质量发展应该更加注重发展质量和效益，坚持专业化、差异化发展，开拓国际化发展方向。

①专业化。

租赁公司的专业化具体体现在：一是在产业发展过程中，通过优化融资方案来助推产业发展；二是为客户提供金融、经营、资产管理等全方位一整套的解决方案，与客户共同分享项目收益；三是通过换位思考，从客户角度帮助客户筛选和控制风险，更好地保护客户利益。

坚持专业化发展首先应进行战略聚焦。租赁公司需主动适应经济转型的宏观大势和行业发展升级的基本趋势，充分发挥自身特有的资源禀赋，在探索尝试中逐步找到与公司优势匹配的主攻方向和业务模式，深挖行业潜力，聚焦专业，从供应链金融的思路开展业务，为特定行业提供专业的服务，并实现与服务客户的共同成长。业内已有租赁公司依托于对飞机产业的精耕细作，通过变卖二手飞机残值盈利。这种依托于产业形成的专业技术壁垒即是租赁公司的核心竞争力。

专业化发展要求培养专业能力。专业化发展是出租人建立专业能力以及相关业务模式的过程。融资租赁公司的专业能力是出租人依托自身资源禀赋，满足承租人差异化需求的租赁资产管理及增值服务能力。专业能力的培养应围绕两条能力链开拓：一是设备能力链，即全周期的实物资产管理能力；二是金融能力链，即围绕客户需求和实物资产管理需求的配套金融服务生态。对某一个特定的行业进行聚焦，有利于融资租赁公司打通从研发、选型、建造、采购、租赁、使用到维修、运营、管理、处置、流通、二手市场开发等全产业链的各个环节，把业务做深做细做透、做实做专做强，优化业务结构，提升盈利能力和水平。

专业化发展必须组建专业化人才队伍。租赁公司综合实力的竞争归根结底也就是人才竞争，专业化能力的打造需组建专业化人才队伍。首先根据公司的战略要明确公司未来的盈利模式和与之配套的组织架构、人员、资金来源等要项，其次专业团队搭建还要考虑公司的顶层设计、考核目标、薪酬设计、中长期激励等要项，人员配置向营销部门、资金部门、风险管理部门倾斜。具体落地业务的部门要熟悉所发展的业务领域，掌握相关产业的政策环境、上下游状况、产品及服务质量等，形成自身的业务特色。

②差异化。

当前，租赁公司目标市场客户趋同，企业经营管理过于同质化，同业竞争激烈，产品服务单一，并未形成独特、成熟、稳定的细分市场，导致市场和利润空间不断产生挤出效应，在这种态势下，差异化发展战略已成为租赁公司的必然选择。差异化不仅是客户定位的差异化，还包括产品、服务、流程等各方面，融资租赁企业要潜心研究适合自身发展特点的差异化，才能真正打造成特色化的租赁公司。

一是客户差异化。首先要根据自身的资本规模选择客户的规模，实现客户规模的差异化，融资租赁公司要分别选择相应规模的客户做业务，以解决资本制约和风险控制的问题。其次要根据所熟悉区域的支柱产业和资源状况，选择不同的行业实现差异化。

二是产品差异化。融资租赁公司要坚持产品创新，研发适合客户需求的多样化特色产品，可以对不同客户提供同一产品，对同一客户提供不同产品；也可以对不同客户提供不同的特色产品，甚至可以针对一个客户开发出一项针对性的产品。

三是服务差异化。要在服务手段上实现差异化，服务态度要做到优质高效，坚持“深入企业、服务尽调、首问负责制”等；既要有传统服务手段，又要有现代服务手段；既要有金融服务手段，又要有非金融服务手段；既要有针对大型客户的服务手段，又要有针对中小型客户的服务手段。

四是价格差异化。利率市场化已经对贷款进行了改革，租赁的产品价格也要根据客户、产品和竞争后的综合回报需要而有所不同。在坚持风险决定价格的基础上，可以利用市场学中的各种定价策略。

③国际化。

融资租赁属于天生国际性和全球化产业，从发达国家经验看，融资租赁具有融资、融物相结合，贸易、技术相结合且深度嵌入实体经济的内在属性，及跨区域、跨时期配置资源的高度灵活性和实用性。在这个过程中也推动了融资租赁公司自身的大发展和国际化扩张，成为世界范围内具有普遍和重要实践应用价值的新型金融工具。

从国际环境来看，世界经济在2008年开始出现停滞，呈现出逆全球化、民族主义、保护主义以及地缘经济与政治冲突等趋势，而2020年的新冠肺炎疫情是一个加速器，大大加速了世界经济秩序变化的进程。在疫情冲击下出现了与传统经济危机内生性崩塌不一样的经济社会停摆，增长速度的超级下滑必将大幅度压缩全球化的收益空间以及各种利益转换的协调空间，使传统的经济格局、利益格局受到急剧的冲击。全球经济增长的下降，预示着来自国际分工的全球化红利大幅度缩减，全球化收益急剧下降，利益空间收窄。

从有利角度来看，全球产业链重构会促使更多国内产业产生走向全球化的动力，这将会为融资租赁“走出去”创造更多机会。

从历史经验和当前环境来看，融资租赁公司的国际化要面临几个难点：第一，境外业务项目周期相对比较长；第二，国际区域风险判断不同，难以把握；第三，目前国内对于融资租赁的境外信用保险产品极少，保险保障体系不够完善；第四，国际形势风云变幻，将不断影响整个市场的经贸安全。

（2）提升租赁资产管理能力。

当前解决金融矛盾突出问题的方式之一就是要优化产品结构，融资租赁作为一种具备资产管理功能的金融手段，要充分发挥租赁资产价值管理的作用，以提高实体经济的运行效率。融资租赁公司的租赁资产价值管理能力与信用风险管理能力相对，是指对租赁物动态价值的监控、租赁物回收、保管、处置的能力。从实际操作来看，要提升租赁资产价值管理能力，首先要提升专业的产品研发能力。

①提升专业的产品研发能力。

产品研发能力是租赁公司资产管理的起点和源头。租赁公司要善于研究不同设备的营销方式以及信用销售的风险管理模式，设计以租赁物管理为核心的租赁产品。租赁物管理一般可分为以下四个环节：

租赁物前期识别评价环节：在租赁业务前期市场拓展或者在前期产品设计中，对租赁物属性及价值评价是必须关注的内容，包括该租赁物的技术性能在行业中是否领先、市场占有率和销售方式、价值周期波动、二手市场交易的活跃程度。

租赁物物权确认及跟踪环节：租赁业务无论采用什么营销方式，在租赁物的购买、租赁交易中，出租人对租赁物享有完全的所有权是必须予以确认的环节，而出租人对租赁物的动态监控管理是维护出租人充分行使所有权的必要保障。

租赁物取回、维护环节：租赁物取回途径和方式以及维护、翻新的标准及其价值认定是租赁物能否进入二手市场并重新成为交易标的的重要环节。

租赁物再处置环节：租赁物再处置包括直接销售和再租赁销售两种方式，但均需要建立成熟、公平、信用的市场机制和行业标准。

②建立租赁物管理平台。

要提升租赁资产价值管理能力就要实现对租赁物动态价值的监控，此项工作可通过专业的租赁物管理平台来完成，有以下三种选择：

一是依托供应商、经销商信用，以回购方式将租赁资产委托给供应商、经销商管理；

二是将租赁物管理外包给第三方专业的资产管理公司；

三是以股权为纽带，合资成立专业的资产管理公司。

③二手市场建设。

融资租赁行业是一个资本密集型行业，其业务风险控制的关键在于租赁物“轻松收回，轻松处置”的物权退出保障机制。退出保障机制能够支撑资产后端的各种业务模式创新，为租赁业的专业化发展提供可依靠价值底线，进而保障租赁行业发展的独特属性与优势。

租赁资产退出需要在完整的市场体系下完成。从制度建设来说，要有标准的统计口径和准确数据，并建立起一个成熟的二手市场。

二手市场与融资租赁行业同在产业链的上下游。随着我国融资租赁行业的发展，相关配套设施——特别是支持租赁物物权处置与退出的二手设备流通市场发展的匹配程度，对行业的下一步转型发展有着重要作用。规范有序的二手设备流通市场在支持中小企业融资担保、制造厂商业务拓展、完善厂商租赁价值链等问题上都有着重要的促进作用。例如，当承租人违约时，由于出租人可以将设备在二手设备市场上进行快速变现，由此可以缓解中小企业的担保、抵押问题，利于其进行融资。

融资租赁也能对二手设备流通市场产业链的发展起到促进作用。随着我国融资租赁行业的转型发展日益迫切，新设备市场竞争也变得激烈，不少大型设备产商也开始将业务和利润的重点逐步放在后市场上。而二手设备作为后市场的重要组成部分，在规模不断扩大的同时，其融资问题也变得突出。融资租赁可通过将二手设备与不同层次需求的承租人相互联系起来，对二手设备的回收、翻新、再销售产业链的顺利发展起到重要作用，极大促进二手设备市场的发展。

3. 内外环境机遇

经济发展进入新常态，正从高速增长转向中高速增长，经济发展方式正从规模速度型粗放增长转向质量效率型集约增长，经济结构正从增量扩能为主转向调整存量、做优增量并存的深度调整，经济发展动力正从传统增长点转向新的增长点。认识新常态，适应新常态，引领新常态，是当前和今后一个时期我国经济发展的大逻辑，也是融资租赁行业面临的重大课题。

（1）新基建开局。

2020 年 5 月 22 日，国务院总理李克强代表国务院向十三届全国人大三次会议作政府工作报告。政府工作报告指出，加强新型基础设施建设，发展新一代信息网络，拓展 5G 应用，建设充电桩，推广新能源汽车，激发新消费需求、助力产业升级。这是“新基建”首次被纳入政府工作报告，备受瞩目。

以新基建为代表的产业结构调整、升级，对融资租赁而言是一个建立新的融合新技术、新业态、新产业的商业模式的机会，融资租赁在服务新产业、新领域的过程中可以继续不断更新、拓展，可以进一步提升自身对项目的管控能力，更好地发挥租赁资产价值管理、资产配置、以租促产的功能优势。

①5G。

作为移动通信领域变革的焦点以及经济发展新动能，5G 已成为新型基础设施建设的重点领域。目前，我国几大战略性新兴产业的发展都要立足于 5G，如工业互联网、车联网、企业上云、人工智能、远程医疗等。5G 辐射的领域包括网络规划、无线主设备及传输设备、终端设备、运营商，甚至延伸到了消费领域。

5G 产业链上游产业主要包括芯片市场、光器件市场、射频器件市场。现阶段，上游产业各项技术已趋于成熟，各国无论是自主研发还是通过付费，都有了一定的基础。中游产业主要包括基站市场、传输设备市场、基站天线市场。这是各国正在努力实现的环节，也是实现 5G 全面覆盖的当务之急。我国在这一环节链上的投入较大，也拥有了一定的优势，尤其是在基站市场投入建设上。下游产业主要包括运营商市场和终端设备市场。这是未来需要着力发展的环节，尤其是5G与人工智能、大数据、云计算等的结合，带来更加丰富的应用场景，如无人驾驶、智慧城市、物联网、智能医疗等，将给生活带来更多便利，但这还需要一定的时间来实现（见表2-3）。

表2-3　5G相关产业链

产业链	细分产业链
网络规划	—
无线主设备及传输设备	小基站、天线、铁塔
	基站射频、滤波器
	SDN/NFV
	光纤光缆
	光模块
	光通信设备
终端设备	终端天线、滤波器
	终端射频材料
运营商	—

资料来源：袁国宝. 新基建：数字经济重构经济增长新格局［M］. 北京：中国经济出版社，2020.

中国信息通信研究院预计，未来几年，5G网络建设投资规模将迅速增长，2025年将达到1.2万亿元，仅网络化改造这一领域的投资规模就将达到5000亿元。另外，5G网络建设还将给上下游产业带来投资热潮，如在线教育、在线办公、在线诊疗、政务信息化等，投资规模预计达3.5万亿元。

目前，5G产业链企业融资需求非常大，而一些标准化融资渠道已经不能满足企业的资金需求。

②特高压。

特高压指的是±800千伏及以上的直流电和1000千伏及以上的交流电，特高压电网建设可有效提升电网传输能力。我国特高压电网建设始于1986年，是全球唯一一个将特高压输电项目投入商业运营的国家。据统计，到2019年1月，我国规划的特高压项目有50~60条。

近几年，随着特/超高压等重大工程的投招标不断增多，特高压、配网的建设速度逐渐加快。2020年初，国家电网发布重点工作任务计划，其中2020年内计划完成7条特高压线路核准工作，计划开工线路3条，剩余4条线路将在 2021—2022 年陆续开工。同时，国家电网明确 2020 年全年特高压建设项目投资规模共 1128 亿元，可带动社会投资共 2235 亿元，整体规模近 5000 亿元。据赛迪顾问发布的《“新基建”之特高压产业发展及投资机会白皮书》预计，到 2022 年，中国特高压产业及其产业链上下游相关配套环节所带动的总投资规模将达到 4140 亿元；到 2025 年，特高压产业与其带动产业整体投资规模将达 5870 亿元。

目前，我国在建与待核准的特高压工程有 16 条线路，其中有 7 条已经确定了投资规模，总投资额达 1128 亿元，平均每条线路投资达 161 亿元。按照这一标准，目前 7 条待核准线路与 2 条 2019 年开工的线路预计投资 1449 亿元，再加上目前在建项目，总投资约 2577 亿元。据此推算，2020 年初，特/超高压工程的增量贡献至少为 1500 亿元。特高压相关产业链如表 2-4 所示。

表 2-4　特高压相关产业链

产业链	细分产业链
直流特高压	换流阀、控制保护、换流变压器、互感器、直流断路器、高压电抗器、电容器、高压组合、断路器、避雷器
交流特高压	GIS、特高压变压器、特高压抗压器、550 千伏组合电器、互感器、断路器和隔离开关、电容器、避雷器、变电站监控

资料来源：袁国宝. 新基建：数字经济重构经济增长新格局［M］. 北京：中国经济出版社，2020.

目前，国家电网已面向社会招标，鼓励社会资本进入，以拓展融资渠道，保证特高压建设的持续性、稳定性。

③城际高速铁路和城际轨道交通。

近几年，我国高铁快速发展，运营里程不断增加，不仅构成了我国交通的大动脉，而且成为我国的一张“新名片”。与此同时，轨道交通也在城市化进程中扮演了非常重要的角色。目前，无论高铁还是轨道交通，都有诸多项目正在等待落地。

从产业方向来看，高铁与轨道交通都有极长的产业链条，涵盖了原材料、机械、电气设备、公用事业和运输服务等多个领域，在推动社会发展，构建智能化、数字化交通方面发挥了极其重要的作用。城际高速铁路和城市轨道交通相关产业链如表 2-5 所示。

表 2-5 城际高速铁路和城际轨道交通相关产业链

产业链		细分产业链
上游	原材料	铁轨、铁路配件、轨道工程
	基础建筑	工程机械（挖掘机、泵车等）
		基础建筑、土木工程
		桥、路、隧道、高架、项目承接
中游	机械设备	机车车体、零部件、辅助设备
	电气设备	牵引供电工程、通信、变电站、变压站
下游	公用事业	城轨运营
	运输服务	物流、客货运输
	其他	航空、公路、港口

资料来源：袁国宝. 新基建：数字经济重构经济增长新格局［M］. 北京：中国经济出版社，2020.

在新冠肺炎疫情导致经济下行压力加大的背景下，加大高铁、轨道交通建设成为恢复经济发展、保持经济稳定增长的一个重要手段。根据交通运输部公布，2020 年，全年新增城市轨道交通线路共 39 条，新增运营里程共 1240. 3 公里，较 2019 年增长 20. 1%。

2019 年 9 月 18 日，为加快铁路专用线建设，国家发改委、国家铁路局等五部门联合印发《关于加快推进铁路专用线建设的指导意见》，明确提出要进一步开放专用线建设及运维市场，鼓励社会资本参与，以不断拓宽融资渠道。

④新能源汽车充电桩。

新能源汽车产业的发展离不开充电桩。据统计，截至 2019 年 10 月，我国充电桩（公共充电桩+私人充电桩）数量达 114. 4 万个，同比增长 66. 7%。看似数量极多、增长速度极快，但我国新能源汽车与充电桩的比例与理论水平还有很大差距，这说明我国充电桩还有很大的缺口。

充电桩产业链上游为设备生产商，中游为充电运营商，下游为整体解决方案商（见表 2-6）。运营商负责充电桩和充电站的搭建和运营，属于产业链的核心环节。充电桩运营领域参与主体以中小微企业为主，具有小而分散的特点，投资以设备设施为主。

表 2-6　新能源汽车充电桩相关产业链

产业链		细分产业链
上游	设备生产商	壳体、底座、插头插座、线缆、充电模块或充电机、其他
中游	充电运营商	充电桩、充电站、充电平台
下游	整体解决方案商	新能源汽车整车企业

资料来源：袁国宝. 新基建：数字经济重构经济增长新格局［M］. 北京：中国经济出版社，2020.

据《新能源汽车产业发展规划（2021—2035 年）》，2030 年，中国电动汽车销售会突破 1500 万辆，保有量会突破 6480 万辆。按照 1∶1 的车桩比，届时充电桩需求量将达 6000 多万，预计将形成万亿元的充电桩基建市场。

随着新能源汽车的普及，充电桩行业不断向好。但目前进入的门槛较低，呈分散化、零星化状态，收费标准也不统一，未形成规模效应。未来有可能像加油站一样，由几家大型企业以连锁模式经营。

⑤大数据中心。

在信息时代，大数据中心建设至关重要。未来，新兴产业发展需要依托各种数据资源，而数据资源的收集、存储、处理、应用等事宜都离不开大数据中心的支持。大数据中心建设不仅有助于行业转型，而且可以带动企业上“云”。

大数据中心的建设是个很长的产业链（见表 2-7），包括服务器、路由器、交换机、光模块，还有电源、软件、网络、机房。5G、产业互联网、人工智能等新兴产业的快速发展也对大数据中心建设提出了较高的要求。随着 5G、云计算等技术的应用范围不断拓展，IDC 市场将保持快速增长之势。2018 年，随着公有云建设规模迅速扩大，全球 IDC 市场规模达 6253.1 亿元，同比增长 23.6%。在全球范围内，北美地区的 IDC 市场增速稳定，基础电信运营商全面退出，主市场汇聚了越来越多云服务商需求。

表 2-7　大数据中心产业链

产业链	细分产业链
基础设施	IT 设备、电源设备、制冷设备、油机、动环监控
IDC 专业服务	IDC 集成服务、IDC 运维服务
云服务商	运营商、云计算厂商、第三方服务商

续表

产业链	细分产业链
应用厂商	互联网行业、金融行业、传统行业（如能源等）、软件行业

资料来源：袁国宝. 新基建：数字经济重构经济增长新格局［M］. 北京：中国经济出版社，2020.

IDC 市场的发展需要经过几个阶段，目前，我国 IDC 市场处在粗犷式发展阶段，增长速度极快，远高于世界平均水平，而且发展空间非常大。据统计，2018 年，在互联网行业需求的带动下，我国 IDC 业务规模达 1228 亿元，同比增长 29.8%。预计到 2024 年，我国 IDC 业务规模将达 2558 亿元。

⑥人工智能。

从某种程度上说，未来就是人工智能的时代。

宏观层面讲，作为一项战略性技术，人工智能对科技革命、产业变革、社会变革发挥着极其重要的引领作用，对社会、经济、政治格局产生着深远影响。目前，我国政府已对人工智能给予了高度重视，针对人工智能的发展出台了一系列政策。

从产业发展来看，过去几次科技革命与产业革命积累了巨大的能量，作为新一轮产业革命的核心驱动力，在人工智能的作用下，这些力量将得以全面释放。同时，在探索人工智能应用场景的过程中，包括生产、分配、交换、消费在内的经济活动的各个环节都将得以重构，从而催生出一系列新产品、新技术、新产业。

根据 2017 年国务院印发的《新一代人工智能发展规划》，到 2025 年，人工智能基础理论实现重大突破，部分技术与应用达到世界领先水平，人工智能成为我国产业升级和经济转型的主要动力，智能社会建设取得积极进展；到 2030 年，人工智能理论、技术与应用总体达到世界领先水平，成为世界主要人工智能创新中心。

科技部于 2019 年 9 月印发《国家新一代人工智能创新发展试验区建设工作指引》，明确提出要进一步加快人工智能基础设施建设，到 2023 年建成 20 个试验区。为了在疫情过后尽快恢复经济发展，我国将继续加大对人工智能产业的投入。

如果对人工智能产业细分，可将其分为底层硬件和通用 AI 技术及平台（见表 2-8），其中底层硬件主要包括 AI 芯片和视觉传感器，通用 AI 技术及平台主要包括计算机视觉和云平台、OS、大数据服务等。

表 2-8 人工智能产业链

产业链		细分产业链
底层硬件	AI 芯片	云端训练、云端推理、设备端推理
	视觉传感器	激光雷达、毫米波雷达、监控摄像头、自动驾驶摄像头、3D 体感
通用 AI 技术及平台	计算机视觉	人脸识别、语音识别、视觉识别
	云平台/OS/大数据服务	大数据服务、云计算服务、OS、物联网平台

资料来源：袁国宝. 新基建：数字经济重构经济增长新格局［M］. 北京：中国经济出版社，2020.

IDC 发布的数据显示，2017 年，全球 AI 芯片市场规模为 40 亿美元。到 2022 年，AI 芯片市场规模将达到 352 亿美元，复合年均增长率超过 55%。未来几年，随着技术不断升级，人工智能实现普及应用，中国 AI 芯片市场规模将不断壮大，增长速度将达到 40%~50%。也就是说，到 2024 年，中国 AI 芯片市场规模将达到 785 亿元；2025 年，中国 AI 芯片市场规模将达到 1000 亿元。

⑦工业互联网。

我国要想完成从“制造大国”向“制造强国”的转变，要想完成智能制造的转型升级，必须做好工业互联网建设。我国早在 2012 年就提出了“工业互联网”概念；2017 年底，国家围绕工业互联网建设出台了顶层规划；2019 年“工业互联网”被正式写入政府工作报告，标志着我国工业互联网建设正式进入实质性落地阶段。

2020 年 2 月 25 日，在工信部公布的 2019 年工业互联网试点示范项目中，网络、平台、安全三个层面共有 81 个项目。从整体来看，对于我国的工业互联网来说，5G、平台、安全是三个非常重要的建设方向。工业互联网产业链如表 2-9 所示。

表 2-9 工业互联网产业链

产业链		细分产业链
上游	智能硬件	—
中游	工业互联网平台	边缘层（即工业大数据采集过程）、LaaS 层（主要解决的是数据存储和云计算，涉及的设备如服务器、存储器等）、PaaS 层（提供各种开发和分发应用的解决方案，如虚拟服务器和操作系统）、SaaS 层（主要是各种场景应用型方案，如工业 APP 等）
下游	应用场景的工业企业	高耗能设备（如炼铁高炉、工业锅炉等设备）、通用动力设备（如柴油发动机、大中型电机、大型空压机等设备）、新能源设备（如风电、光伏等设备）、高价值设备（如工程机械、数控机床、燃气轮机等设备）、仪器仪表等专用设备（如智能水表和智能燃气表等）

资料来源：袁国宝. 新基建：数字经济重构经济增长新格局［M］. 北京：中国经济出版社，2020.

工信部针对工业互联网制定了“三步走”战略，按照战略要求，到 2025 年，我国要基本建成覆盖各地区、各行业的工业互联网网络基础设施，建立近趋完善的标识解析体系并实现规模化推广，建成一批可以在世界舞台上与欧美等发达国家相抗衡的工业互联网平台；到 2035 年，我国工业互联网建设水平要达到全球领先；到 21 世纪中叶，我国工业互联网水平要进入世界前列。

工信部发布的数据显示，2017 年，我国工业互联网市场规模为 4677 亿元，如果按照年均复合增长率 13.3%计算，到 2023 年，我国工业互联网市场规模将突破万亿元。在政策的加持下，我国工业互联网市场规模有可能进一步扩大，发展空间超乎想象。

总之，新型基础设施建设的“新”体现为新产业、新技术、新经济、新业态、新模式。这些“新”能够给各行业带来巨大的变革和机会，助力产业的深度融合。在人工智能、大数据等一轮新技术的驱动下，层出不穷的新应用场景出现，新的商业模式也在不断孵化。同时新技术与传统产业的融合，也让传统产业实现增量变革。在资金使用方面，新基建项目的融资必须依靠多元化的融资体系，并在融资方式上有所创新。传统的财政政策、货币政策、金融政策可能难以满足新的投资模式需求，需要积极实行财政政策和金融政策的合理调整和变动，同时规范并推动新的融资模式，引进私人资本提高效率，拓宽融资来源。

我国融资租赁行业的崛起主要是由产业结构的升级催生的市场需求所致。在新一轮科技革命和产业变革浪潮中，融资租赁依靠其融物+融资的双重特性，在助力战略性新兴产业和传统产业变革方面，一方面，可以在设备设施领域，通过盘活企业存量资产，促进设备及技术的更新换代；另一方面，在科技企业孵化器、众创平台、企业技术中心等建设和新技术、新产品研发中，融资租赁可以通过业务模式的创新，帮助创新企业实现资本聚集和资产的形成。

具体而言，新基建带来的产业革命必将伴随着设备等资产的更新，推动租赁物广度和深度的拓展，而融资租赁服务新基建项目的重要抓手是其对租赁物的选择和把控。

未来，融资租赁想要有所作为，必须在这轮新基建中抓住5G网络、人工智能、工业互联网等新技术的产业风口，在新兴的细分市场寻找拓展业务的机会。同时融资租赁在商业模式上也必须有所创新，不仅提供传统的简单设备租赁服务，还应该发挥其在产业链上的优势，扩大租赁物范围，提升租赁资产的管理价值。

（2）《中国制造2025》。

对于中国来说，面对新冠肺炎疫情下的全球产业链多元化趋势，主要任务就是继续技术升级，开发原创技术，生产更多高附加值产品。融资租赁是设备升级换代的重要手段，《中国制造2025》一直是融资租赁行业未来发展的重要机遇。

①背景。

2015年国务院印发了《中国制造2025》，是中国实施制造强国战略第一个十年的行动纲领。新中国成立尤其是改革开放以来，我国制造业持续快速发展，建成了门类齐全、独立完整的产业体系，有力推动了工业化和现代化进程，显著增强了综合国力，支撑我国世界大国地位。然而，与世界先进水平相比，中国制造业仍然大而不强，在自主创新能力、资源利用效率、产业结构水平、信息化程度、质量效益等方面差距明显，转型升级和跨越发展的任务紧迫而艰巨。

《中国制造2025》为中国制造业未来10年设计顶层规划和路线图，要通过努力实现中国制造向中国创造、中国速度向中国质量、中国产品向中国品牌三大转变，推动中国到2025年基本实现工业化，迈入制造强国行列。

②主要内容。

《中国制造 2025》规划提出推进信息化与工业化深度融合。加快推动新一代信息技术与制造技术融合发展，把智能制造作为两化深度融合的主攻方向；着力发展智能装备和智能产品，推进生产过程智能化，培育新型生产方式，全面提升企业研发、生产、管理和服务的智能化水平。加快机械、航空、船舶、汽车、轻工、纺织、食品、电子等行业生产设备的智能化改造，提高精准制造、敏捷制造能力；统筹布局和推动智能交通工具、智能工程机械、服务机器人、智能家电、智能照明电器、可穿戴设备等产品研发和产业化；发展基于互联网的个性化定制、众包设计、云制造等新型制造模式，推动形成基于消费需求动态感知的研发、制造和产业组织方式；等等。

《中国制造 2025》提出全面推行绿色制造。加大先进节能环保技术、工艺和装备的研发力度，加快制造业绿色改造升级；积极推行低碳化、循环化和集约化，提高制造业资源利用效率；强化产品全生命周期绿色管理，努力构建高效、清洁、低碳、循环的绿色制造体系。

《中国制造 2025》提出大力推动重点领域突破发展。瞄准新一代信息技术、高端装备、新材料、生物医药等战略重点，引导社会各类资源集聚，推动优势和战略产业快速发展。重点发展新一代信息技术、高档数控机床和机器人、航空航天装备、海洋工程装备及高技术船舶、先进轨道交通装备、节能与新能源汽车、电力装备、新材料、生物医药及高性能医疗器械、农业机械装备十大领域。

③租赁业的机会。

《中国制造 2025》明确，鼓励符合条件的制造业贷款和租赁资产开展证券化试点。支持重点领域大型制造业企业集团开展产融结合试点，通过融资租赁方式促进制造业转型升级。

融资租赁作为基于资产信用的金融工具，具有集金融、贸易、服务为一体的全新金融功能特点，能够打通资本与产业的连接通道，成为产业与金融结合的有益纽带，是传统银行信贷等融资渠道的有益补充。《中国制造 2025》与融资租赁业的发展也将是一个互为促进、产融结合的过程。

首先是设备更新层面。《中国制造 2025》提出了包括创新能力、质量效益、两化融合和绿色发展在内的四大类指标，明确设定了产业升级和能耗降低的具体目标，必然带来包括设备更新融资、设备共享租赁、通用设备资产经营管理和节能环保设备租赁在内的大量市场需求。

其次是助力高端装备“走出去”。《中国制造2025》提出瞄准新一代信息技术、高端装备等战略重点，引导社会各类资源集聚，推动优势和战略产业快速发展。而融资租赁作为与实体经济紧密结合的产业，抓住国家资本输出、技术输出和产能输出的机遇，在国产商用飞机、高铁装备、核电机组、电力装备等的研制、生产、销售及开拓海外市场方面提供融资租赁服务，已成为高端装备制造业运用推广和“走出去”的重要助推器。

再次是帮助化解产能过剩。切实发挥市场机制作用，化解落后产能是《中国制造2025》提出的重要目标，而融资租赁在支持制造业淘汰落后产能、化解过剩产能方面可以发挥独特的作用。可以通过租赁方式转移产能，利用市场化机制，促进产品和设备的销售，盘活存量产能，优化制造业发展布局。例如，通过跨境租赁，与企业厂商以及金融机构在产品销售等方面开展合作，支持制造业产品和设备出口；以售后回租形式帮助国内企业在海外投资建设企业，输出国内成熟的生产线和生产设备，实现国内优势产能转移；等等。

最后是支持制造业技术升级。作为一种新的融资模式，融资租赁可以针对技术改造项目，评估技术改造完成后的收入增长、成本控制、收益提高等相关数据，评估其未来的经营状况和偿债能力，往往成为制造企业技术改造的重要融资来源。当制造企业要进行新的投资时，通过融资租赁的方式获得设备，企业无须大量资金就能迅速获得资产，且具有财务风险较小、融资限制条件较少等优点。融资租赁业务的项目周期通常是三到五年，在项目选择和业务评审过程中，租赁公司更为看重产业的发展前景、技术的更新状况、设备的先进程度，以及对企业生产经营和产品收入的预期等，这些都有利于我国制造产业的结构调整。

（3）“一带一路”倡议。

“一带一路”着力建设亚、欧、非及拉丁美洲大陆及海上互联互通，沿线各国的铁路、公路、机场、港口、电信等大规模的基础设施建设和国际产能合作，为我国融资租赁企业提供了巨大的商机和更多的租赁资产选择，同时对我国租赁企业的运营提出了对标国际的要求，“一带一路”及金融市场的进一步开放要求租赁行业加快国际化进程。

①背景。

“一带一路”倡议的提出基于国际与国内多重因素。

一方面，全球金融危机后，国际秩序仍处于深度调整之中，新兴经济体参与全球治理的作用不断增强。“一带一路”将成为新时期我国对外开放的重要战略依托，通过与广大发展中国家开展经济合作，密切彼此之间的经济联系，形成相互依赖的利益纽带，为提升我国在全球事务中的话语权和主导权创造条件，将有利于我国确立在世界经济合作新格局中的地位。“一带一路”倡议以中国扩大开放为契机，在推动本国经济发展的同时，也促进与“一带一路”区域内国家建立相互融合、更加紧密的经济联系，为各国发展创造新机遇，也为其参与广泛的区域经济合作搭建了新平台。

从国内来看，我国对外开放进入新阶段，积极参与全球价值链的分工与贸易将成为我国提升对外开放水平的重要方向，也将形成优进优出开放型经济新格局，从而促使我国经济与世界经济在更高层次上实现深度融合。“一带一路”倡议将深化我国与广大发展中国家基于产业链的合作，通过中国装备“走出去”和推进国际产能合作，有利于我国打造产业升级的 2.0 版，同时也可为广大发展中国家提供经济适用技术和资金支持，加速工业化进程，实现互利双赢。

另一方面，过去 30 年来，我国对外开放主要在沿海地区，内陆和沿边地区对外开放相对滞后。积极推动“一带一路”倡议，可使中西部地区由对外开放的末梢变为前沿，激活其发展潜力，加速其对外开放进程，扩大开放的区域和回旋余地，利用全球市场为我国创造的机会，全面实施“引进来”和“走出去”相结合的对外开放战略，拉动中西部地区实现快速发展，缓解区域之间经济发展的不平衡，为我国整体经济发展提供更为广阔的空间。

②发展历程。

2013 年秋，习近平主席在对哈萨克斯坦和印度尼西亚进行国事访问期间，先后提出共建“丝绸之路经济带”和“21 世纪海上丝绸之路”的合作倡议，得到国内外广泛关注和积极响应。

2016 年 9 月，在以“构建创新、活力、联动、包容的世界经济”为主题的 G20 杭州峰会上，习近平主席更从目标、手段和方向等多方面深入阐述了“一带一路”的国家倡议，将“一带一路”带入了一个“提速期”。

2017 年 5 月 14 日至 15 日，首届“一带一路”国际合作高峰论坛在北京举行，包括 29 个国家的元首和政府首脑在内，140 多个国家、80 多个国际组织的 1600 多名代表与会，高峰论坛发布圆桌峰会联合公报，达成 270 多项成果，形成了各国共建“一带一路”的国际共识。

2018 年 8 月 27 日，习近平主席出席推进“一带一路”倡议工作 5 周年座谈会并发表重要讲话，提出“一带一路”倡议要从谋篇布局的“大写意”转入精耕细作的“工笔画”，向高质量发展转变，造福沿线国家人民，推动构建人类命运共同体。

截至 2020 年 1 月底，中国已同 138 个国家和 30 个国际组织签署 200 份共建“一带一路”合作文件，其中包括 37 个亚洲国家和 44 个非洲国家，展开了 2000 多个合作项目，涵盖基础设施、产能、投资、经贸、金融、科技、社会等合作领域。

③租赁行业的机会。

首先是推动产业国际化。在“一带一路”和经济结构转型升级的大背景下，我国融资租赁产业国际化正面临着难得的历史机遇。亚行测算，亚洲地区每年基础建设和交通设施总费用达到 7300 亿元，到 2020 年将达到 5 万亿元，大规模的基础建设为租赁行业提供了新需求，注入了发展新活力。从需求端看，沿线国家和地区对建筑业、装备制造业、基建材料生产等先进产能行业有较大的渴求；从供给端来看，伴随着固定投资的增加，基建输出也可以大幅度缓解我国相对过剩的制造业的压力。租赁公司可积极参与沿线国家重大基础建设项目，开展飞机船舶等交通物流工具的租赁业务，还可在助力国内高端设备、智能化制造设备出口方面，服务“中国制造”“走出去”。此外，还可以通过租赁工具吸引境外低成本资金，平抑资金外流的影响，支持实体经济发展。同时可通过跨境租赁的业务核算，推动人民币国际化发展。

其次是开发租赁+“走出去”。“一带一路”倡议为我国加强与周边国家的产能合作提供了广阔空间，有利于促进中国租赁、中国制造与中国服务“走出去”形成协同效应。当前我国已进入工业化后期，大量制造业特别是劳动密集型产业转移到沿线国家，境外经贸合作区作为推进“一带一路”倡议和国际产能合作的有效平台，已成为促进中国和东道国经贸合作的载体，这些建设项目大都有中资企业参与甚至发挥主导作用。中国承包企业在发挥传统承包优势的同时，充分发挥技术、资金优势，积极探索开展包括“工程承包+融资”“工程承包+融资+运营”在内的多元化合作机制，为租赁企业的广泛深度参与提供了大量机会。

以此为契机，我国融资租赁企业与承包企业、工程机械企业、制造企业密切配合，已共同开创出租赁企业与厂商、金融资本与产业资本在海外市场有效互动、协同发展的“中国租赁+中国制造+中国服务”新模式，积累了较为丰富的国际化运营经验。工银租赁收购泰银租赁后，联合中联重科、三一重工，为天津天纺集团在巴基斯坦、越南等东南亚国家着手建设纺织基地和物流中心，完成生产基地转移任务，实现租赁、产业、技术、贸易、服务等多方共赢和全产业链合作。此外，随着我国与东盟全面加深合作，与文化旅游相关的建设项目方兴未艾，也为融资租赁业发展提供了大量市场机会。

第二篇

项目租赁

第三章　项目租赁概述

第一节　项目租赁的源起

项目融资租赁（以下简称项目租赁）是在传统融资租赁基础上发展起来的一种新的模式。它的本质是为满足社会项目融资的需求及资产管理的需要，融资租赁从以单项设备为标的物发展到以设备组合及相关资产构成的项目为标的物的创新模式。项目融资租赁最早产生于建设工程项目筹集资金的过程中，因此它具有项目融资的某些特征，在不断发展的过程中，又因融资租赁本身的独特属性不断外延创新、完善其内涵，成为一种应用范围广泛的成熟模式。

项目租赁是在过去整个宏观经济和金融体系环境下兴起并发展起来的一种新的融资模式，它的发展离不开经济发展和融资租赁业态的发展，而且在当前的经济金融环境下，创新融资方式、积极推进项目租赁同样具有十分重要的意义。

1. 经济转型发展的需要

在我国经济发展高速增长和转型的过程中，无论是经济发展的外延扩张还是产业升级、新兴产业发展，新上项目都是其重要的实现载体。项目的建设需要各种资源，其中资金是最基本的资源，只有筹集到所需的资金，项目才可以开工建设并顺利完工。筹集项目资金指针对具体项目的一切融资活动，即通过一定渠道、采取适当方式筹措项目所需资金的财务活动。其中利用项目本身的未来收益来筹集该项目所需资金的方式称为项目融资。项目融资在我国真正得到广泛运用始于 20 世纪 80 年代，目前仍然在不断地发展和完善，在实践中不断有新的项目融资模式出现，如项目收益权质押贷款、项目收益债券和票据、项目资产证券化、基金融资等，融资租赁也是其中一种。

项目融资的融资主体是项目公司（主办人为了项目专门设立的公司），资金提供者能否如期投入资金，完全取决于项目的未来收益和项目资产本身。融资主体不同，意味着项目融资模式下，出资方可在项目早期介入，对标的掌控更为全面。项目融资主要是依赖于项目的现金流量和资产而不是投资人或项目主办人的资信而安排的融资，是一种无追索权或有限追索权融资，因而具有如下特征：①融资用途的限定性。融资的用途严格地限于该项目，一般建立专门的资金账户进行严格控制。②融资安排的计划性。在时间上，根据项目进展投入资金，如果项目进展滞后，资金投放也相应地延迟；在数量上，根据项目预算筹备资金，由于项目预算存在一定程度的不确定性，一般都备有备用资金（如备用股本资金、备用债务资金）；由于还款依赖于项目的现金流，因而建设期的利息被资本化，即融资本息延迟到项目开始商业运行以后才开始偿还。③还款资源的限定性。由于还款依赖于项目的现金流，一般建立专门的资金账户对项目的收入进行严格控制。④融资时间的长期性。建设期一般较长，投入运营后收入也是分散在整个运营期内，因而要求较长的融资期限，一般为 10~15 年，甚至更长。⑤融资清算的局限性。无追索权或有限追索权，除了有限追索条件外，不涉及项目资产以外的资产。

在项目融资中，银行或其他资金提供者能否给予项目融资主要依据项目的经济强度，考虑项目在融资期内能产生多少现金流量用于还款，融资的数量、利率和融资结构的安排完全取决于项目本身的经济效益。这种以项目收益为融资基础的模式非常契合融资租赁的本质特征，是项目融资租赁模式得以产生，并不断融合创新的基础。

2015 年印发的《国务院办公厅关于加快融资租赁业发展的指导意见》明确，鼓励融资租赁公司积极服务“一带一路”、京津冀协同发展、长江经济带、“中国制造 2025”和新型城镇化建设等国家重大战略；鼓励融资租赁公司在飞机、船舶、工程机械等传统领域做大做强，积极拓展新一代信息技术、高端装备制造、新能源、节能环保和生物等战略性新兴产业市场，拓宽文化产业投融资渠道；鼓励融资租赁公司参与城乡公用事业、污水垃圾处理、环境治理、广播通信、农田水利等基础设施建设；要求融资租赁公司大力发展跨境租赁；鼓励工程机械铁路、电力民用飞机、船舶、海洋工程装备及其他大型成套设备制造企业采用融资租赁方式开拓国际市场，发展跨境租赁；支持通过融资租赁方式引进设备，扩大高端设备进口，提升国内技术装备水平；引导融资租赁公司加强与海外施工企业合作，开展施工设备的海外租赁业务，积极参与重大跨国基础设施项目建设。这表明，融资租赁在支持实体经济方面的作用已经得到了重视，未来有更大的发展空间。

近些年，许多融资租赁公司大胆创新，通过项目融资租赁积极参与项目建设，支持经济转型发展，积累了一定的经验。项目融资租赁模式吸收了项目融资的部分特征，以项目收益为融资基础，以项目为融资主体，同时抓住融物本质，以项目资产组合作为租赁物。当前经济转型发展客观上要求融资租赁继续发挥融资、融物的功能优势，同时也为项目租赁开辟了广阔的市场空间。

2. 融资租赁业态更新的需要

我国融资租赁行业发展近四十年来，经过了曲折快速发展的过程，吸收了国际先进的融资租赁理念和方法，并结合我国改革开放的实际需要，在业务实践中不断摸索，实现了在商业形态、业务模式方面的跨越式的发展，形成了数量庞大的企业主体和体量巨大的租赁资产。融资租赁以其与实体经济天然相融的优势成为我国金融体系不可或缺的有生力量，在货币传导机制和支持经济增长方式转变方面发挥着日益重要的作用。

但是，当前金融行业内部结构失衡的问题还很突出。中国人民银行初步统计，截至2019年末，我国金融业机构总资产为318.69万亿元，其中银行业机构总资产为290万亿元，银行信贷在金融业中仍然占据主导地位，非银金融业态还比较脆弱，产品及服务也存在较大的同质性，尤其是融资租赁这种与实体经济联系更为紧密的金融业态依然很弱。对于融资租赁等业态来说，只有在产品和服务上培育特色优势，才能适应金融结构调整的需要，更大程度地满足不同层面的金融需求。

此前融资租赁更多地用承租人或其股东的信用作背书，以担保物的价值为业务基础，用于补充传统信贷业务，对租赁物、项目自身收益、资产处置收益的价值考量较少。随着融资租赁与产业的进一步融合，以信贷方式经营融资租赁业务的商业模式已经发展到了瓶颈期。

基于此，以项目本身信用为基础、以项目资产作为附属担保的项目融资租赁迎来了发展良机。出租人基于对项目和项目资产的价值和收益的判断、评估进而选择对标的进行投资。以设备和相关资产的组合为融资租赁标的物能够提升出租人的租赁资产价值能力，实施专业化经营，在提供融资和融物服务的同时延伸增值服务，且租赁资产的整体性、独立性和专业化及风险隔离的条件，更易于资产方进行金融市场运作，从而实现资本节约，破解流动性瓶颈，走轻资产发展之路。同时，基于对整个项目的风险掌控要求，也促使出租人开发应用金融科技手段对项目全生命周期进行监督管理，提高风险管理能力。

项目租赁这种新的业态一方面可以为大型项目建设提供基于核心资产的全周期的匹配项目现金流的灵活融资方案，另一方面可以为难以取得信用融资的资信背景不够的中小企业提供基于设备及资产组合的综合解决方案，满足项目融资的全周期的多元化需求，促进产融深度融合。

3. 租赁物扩容的需要

融资租赁标的物是融资租赁交易的中心，其范围是融资租赁创新活动的基础。长期以来，租赁物基本界定为单体形式的固定资产。但是，随着经济的转型发展和金融创新步伐的加快，这种界定已经滞后于融资租赁行业的发展。

从国际经验来看，几乎每一次科技革命都伴随着新的生产工具的产生和新的租赁标的物出现，在科技不断进步和产业不断升级的过程中，对租赁融资的需求，推动着租赁标的物的范围不断扩大。为更适应特定领域金融活动的特征和需要，国内融资租赁行业一直在谋求自身发展的创新，不断在标的物的形态上拓展和突破。租赁物已从 20 世纪 80 年代的首架飞机拓展到目前的飞机、船舶、汽车、工程机械、交通运输设备、医疗设备、办公设备等通用及专用设备资产，公路、水运、港口码头、民用机场、通用航空设施、铁路干（支）线、城际轨道交通等项目的建筑物和构筑物等设施类资产，以及处于试点范围的牦牛、奶牛等生物资产及著作权、商标权等无形资产，承租对象已覆盖企业及个人，标的物形式从单体设备发展到整体项目。

在国内融资租赁业转型升级的时期，租赁物仅为单体固定资产的界定某种程度上制约了融资租赁产品的创新。单体租赁的模式下，从出租人的角度看，一些流动性较差的专用设备，因其残值难以处置，如果要达成交易往往需要承租人提供额外的信用保证，因而适用对象受限。而在项目租赁模式中，出租人将各种设备及其配套设施构成的项目资产组合作为租赁物，既是对租赁标的物的扩容，又可使项目资产组合产生独立的收益，且便于控制和处置。同时从还款来源的保障性看，项目本身具备产生收益的能力，而单体设备往往不能单独产生效用。因而这种以项目为标的物的融资方案广泛适用于各种项目融资。

2020 年 1 月，银保监会发布《关于推动银行业和保险业高质量发展的指导意见》，指出要培育非银行金融机构特色优势，明确提到“鼓励金融租赁公司拓展租赁物的广度和深度，优化金融租赁服务”。这表明金融租赁公司的特色优势的培育是通过标的物的拓展来实现的，既是对租赁资产价值管理功能的强调，也是对融资租赁业态的创新提出的新要求。

4. 防控风险的需要

当前融资租赁公司面临的外部环境和形势比较复杂，行业正处在风险高发、多发阶段，风险管理是公司经营管理的核心内容。对于出租人来说，因为同时具有融资和融物的双重属性，在实际业务中会面对信用风险、政策风险、技术风险、金融风险等。其中最大的风险是承租人的还租能力，它直接影响公司的经营和生存。

在信用体系有待完善的情况下，租赁公司对承租人和租赁项目的选择，往往是参照银行的项目评估标准来进行风险控制。对承租人信用风险的控制是以企业的信用记录、以往业绩为基础，以企业的资产负债比例管理为轴心，租赁物权仅仅是作为物权保障。这种典型的公司融资运作方式给融资租赁行业的发展带来了双重影响。

随着融资租赁与产业的深度融合，对出租人专业化运营能力的要求也在提升，防范风险的手段也需随之升级。基于此，项目融资租赁方式凭借在风险管理上的优势逐渐发展、成熟起来。

项目租赁的标的物一般为构成项目的设备、设施及其附属物形成的资产集合，项目公司的形式决定了其资产权属独立，在租赁期内，标的物能独立发挥效益，在财务上能够独立核算，并可以整体的、独立的估值计价。在以租赁物权为保障的前提下，出租人对承租人信用风险的控制转变为以整个项目的未来现金流为基础，以收益与风险对称与否为轴心，以项目股权为附属担保。出租人不仅关注租赁债权的安全性，更关心租赁资产的安全性，以及对租赁设备进行资产管理和余值处置的便利性。这种模式下，租赁物对债权的担保能力会更强，对租赁物的专业管理能力也会持续提升，进一步提高租赁从业人员的风险管控能力。同时，根据项目融资需求，出租人可灵活安排介入项目的时间，参与项目建设的全过程，由此提高出租人对项目的控制能力，对项目的经营活动进行更为严格的监控。加上项目主办人为项目公司提供租赁协议履约担保，也会进一步增强项目的风险控制能力。

第二节　项目租赁的基本概念

1. 定义

项目租赁是以项目资产为租赁物，以项目收益为租金偿还来源，以项目的股权或所有权为风险保障的融资租赁业务模式。其实质是，为满足社会项目融资的需求及资产管理的需要，融资租赁从以单项设备为标的物发展到以设备组合及相关资产构成的项目为标的物的创新模式。

相较传统单体租赁，项目租赁是一种创新的具有独特优势的融资租赁模式，体现在交易结构、适用对象、还款来源、风险把控、盈利模式、市场化程度等多方面。

从交易结构看，对出租人权益保障更加充分。相较于单体租赁，项目租赁是总合同下若干单体租赁合同的集合，除单项设备、设施合同外，往往还有归集项目收益的专户管理合同、股权或收益权的质押合同以及母公司代偿或担保合同。

从适用对象看，项目租赁的宜租范围更加广泛。项目租赁模式下，各种设备及其配套设施构成的项目资产，可产生相对独立的收益，便于整体处置，不需要额外增信，因而广泛适用于各种项目融资。

从第一还款来源的保障性看，项目本身具备产生收益的能力，有稳定可靠的现金流收入，而单体设备往往不能单独产生效用，还款来源依赖承租企业的业务经营。

从对风险的把控来看，出租人对项目的把控程度较高，且一般要求以项目公司的股权或收益权进行质押，风险保障能力更强，项目的独立性能够隔离承租人母公司可能出现的经营风险。而单体租赁只是依赖本身的余值，其资产流通性受到的制约较多。

从盈利模式及市场化程度来看，出租人可以分享项目投资人部分风险投资收益，比较充分地体现出融资租赁的投资功能。

2. 交易主体

由于项目融资租赁的指向对象是整个项目，出租人作为资金提供方可在项目早期就介入，因此该模式涉及的参与主体比较多。除常见的融资租赁业务的出租人、承租人（项目公司）和供应商之外，还包括项目主办人、承建商、保险机构等。

（1）项目主办人。

项目主办人一般为股本投资者，即项目的实际投资者。他通过项目的投资活动和经营活动，获得投资利益，通过组织项目融资，实现投资项目的综合目标要求。一个项目可能有一个或多个主办人，除了少数项目主办人以投资为目的外，大多数项目主办人在项目中扮演多重角色——除了投资人的角色外，还可能承担承包商的角色。在项目融资租赁中，项目主办人具有独特的地位，这是由项目融资的性质决定的。

项目融资租赁以融资关闭为标志分为两大阶段：融资关闭前阶段和融资关闭后阶段。在融资关闭前阶段，由项目主办人与租赁公司进行融资谈判，但是签订融资租赁协议的却不是项目主办人，而是另外一个独立的法人（一般是为项目专门成立的项目公司）。在融资关闭后阶段，与租赁公司打交道的是与其签订融资协议的法人。

（2）项目公司。

项目公司也称项目的直接主办者，是为了项目的建设和生产经营而建立的独立经营并自负盈亏的经营实体。项目公司通常也就是融资租赁的承租人。主办人设立专门的项目公司实施项目的建设和运营，原因有：一是通过建立项目公司，可以把项目资产的所有权集中在项目公司上；二是通过建立项目公司，能将项目融资的债务风险和经营风险限制在项目公司中，实现与主办人其他资产的风险隔离，主办人仅根据其资产负债承担有限责任；三是建立项目公司，便于吸收其他投资者；四是项目公司可以是一个实体，也可以只是一个法律上拥有项目资产的公司，实际的项目运作则委托给富有生产管理经验的管理公司负责。有些项目实体仅是为项目融资而成立，并不具备项目建设和运营的能力，只起到资产运营公司的作用，而有些项目实体承担项目的运营工作。

项目公司是项目租赁中的融资主体，项目租赁前期的尽调工作主要围绕项目公司展开，标的物的估值工作也是围绕项目展开。由于项目租赁的收益保障主要限于项目的资产和收入，因此出租人对承租人的经营活动会进行更为严格的控制。

（3）项目债权人（包括融资租赁公司）。

项目所需资金中，除小部分是股本资金外，大部分是债务资金，因此，项目债权人（以下简称债权人）是项目所需资金的最主要提供者。采用项目融资的项目一般投资规模大，一家金融机构很难独立提供全部融资。同时，基于对风险的考虑，一家金融机构也不愿意为一个大项目提供全部融资。因而，项目融资中通常有多家金融机构参与，商业银行、政策性银行、信托、基金、债券市场的投资人和融资租赁公司等都有可能成为项目的债权人。

项目租赁中出租人作为项目债权人可以从规划设计阶段就介入项目运营，可以拥有更多的话语权，提前了解、掌握项目的发展前景和风险状况，以便进行可行性评估及风险评估论证等，因此对项目的掌控力相对更强，可以根据项目进展节奏安排投入资金，并根据项目预算筹备资金，根据项目资产价值来确定投放额度。

（4）项目供应商。

根据提供的产品不同，项目供应商可分为设备供应商、原材料供应商和燃料供应商。并不是所有的项目都有项目供应商直接参与（直接与项目实体签订供应合同或者作为项目主办人之一），如一般电厂项目有设备供应商和燃料供应商，但公路项目没有燃料供应商。

项目租赁方案中，出租人对需要采购的租赁物的价值、流通性等进行评估，因此需掌握项目供应商的情况，如果有特定需要，还可要求供应商提供租赁物的回购担保。

（5）项目承建商。

采用项目融资租赁的项目一般安排单一的项目承建商（以下简称承建商）负责项目的设计、采购和建设，并采用固定价格、确定完工日期的项目总承包合同，这种安排有利于项目管理。有时也可能与多个承建商签约，分别承担部分项目建设工作。

部分项目资金需作为承建款，在设计项目租赁方案时，除提供采购设备资金外，也可将租赁款用于承建商结款，以保证项目的正常流转。

（6）保险机构。

项目融资的巨大资金规模以及未来许多难以预料的不利因素，要求项目各参与方准确地认识自己面临的主要风险，并及时为它们投保。适当的保险是项目融资的一个重要内容，也是项目融资赖以存在的基础。这是由项目融资的有限追索性质决定的。因此，保险机构也是项目融资的主要参与者。在项目租赁方案中，出租人会要求受让租赁物的保险权益，以保障租赁物毁损、灭失风险。

3. 核心要点

（1）现金流基础。

项目租赁是以项目本身信用为基础、以项目资产作为附属担保的融资类型，其核心是项目收益、资产价值及其变现能力，即项目租赁是从租赁物的未来现金流和资产特性的角度看融资租赁的金融属性，超越了传统信贷只依赖借款人主体特性（信用风险）的模式，开拓了全新的金融服务空间。

项目融资是以项目资产、预期收益或权益作抵（质）押获取债务资金的融资活动，所以项目融资的第一步就是要进行项目分析，分析项目的预期收益和潜在风险。项目分析主要是进行项目的财务分析、经济分析和风险分析，其目的是在技术可行性的基础上研究项目的经济可行性和可融资性。对于出租人来说，由于还款依赖于项目的现金流，建设期的利息被资本化，即融资本息会延迟到项目开始商业运行以后才开始偿还。项目租赁的期限安排一般会设计为租赁期+宽限期，需要分析项目在租赁期及宽限期内是否能够产生足够的现金流来偿还租金从而判断项目融资是否可行，最终决定是否实施该项目。

（2）租赁物+股权。

租赁物是融资租赁法律关系成立的基础，又是项目租金债权的担保。因此，在项目资产即租赁物的形成过程中，出租人必须和项目公司一起严格把关，不仅要把握主要设备的选购，还要选择可靠的项目承建商，确保项目资产的质量，使项目能够正常运营，为租金正常回收奠定基础。

项目租赁的租金偿还保障包括项目收益及项目股权质押，根据项目筹资安排，一般会根据项目自身的现金流情况来匹配租金支付频率。在项目租赁方案中，出租人作为资金提供方参与了项目运营，会承担一定的风险，会受让项目资产的保险权益，同时出租人也会要求以项目的股权或收益权进行质押，租赁物+项目股权的保障模式能够较为充分地保障出租人的权益。在项目未来收益不足以偿还租金时，出租人可以依据融资租赁合同约定获得项目的所有权或收益权，并对其进行处置。

（3）股东担保。

项目融资租赁模式下，通常是项目主办人（一般为项目股东）设立项目公司（或其他形式的特殊目的载体），由项目公司与租赁公司签订融资租赁协议，项目主办人为项目公司提供融资租赁协议履约担保。股东担保是融资租赁业务中常见的风控措施，当项目公司收益不足以覆盖租金或出现风险时，出租人有权向项目主办人进行追索。

第三节　项目租赁的优势

项目租赁是以项目资产为标的物，以项目收益为租金偿还来源，以项目的股权或所有权为风险保障的融资租赁模式，破解了信用融资模式的诸多痛点，以其独特优势成为创新融资的重要方式之一。

1. 与实体经济结合更紧密

新时期金融工作的基本原则是回归本源、优化结构、强化监管、市场导向。当前，支持服务实体经济是经济发展的重点，融资租赁是与实体经济联系最为紧密的业态，项目是实体经济发展、国家战略实施的重要载体和最基本单元，也是促进经济转型升级和战略性新兴产业发展的重要抓手。而项目租赁以其特有的功能优势更广泛地支持实体经济，是租赁切入实体经济的有效实现方式，是租赁资产价值管理的创新组合模式，有利于从整体上把控承租人的信用风险和市场风险，提高融资租赁行业顺周期风险管理能力，便于操作并推广实施。

2. 宜租范围更广泛

单体租赁的业务模式下，一些流动性较差的专用设备，从出租人的角度看，因其残值难以处置，如果要达成交易往往需要承租人提供额外的信用保证，因而适用对象受限。项目租赁的业务模式下，各种设备及其配套设施构成的项目租赁资产，具有个别独立和共同构成整体特性，既方便租赁资产个别使用，也有利于整体处置，不需要更多的额外增信。具体来看，项目租赁可以为大型项目建设提供基于核心资产的全周期的匹配项目资金综合解决方案，也可以为难以取得信用融资的资信背景不够的中小企业提供基于设备及资产组合的综合资金解决方案，满足项目融资的全周期的多元化需求，促进产融深度融合。

3. 租赁标的更独立

项目作为租赁标的，相对于确定的主体而存在，由相应的资产、财务、人力、资金投入等构成，一般以项目公司的形式存在，项目公司未来的发展前景是明确的。项目公司必须具有独立运营的资格、条件和能力，在经营决策和生产、销售、财务等各方面都保持相应的独立性。项目公司所拥有的资产权属是清晰的，这是其被选作租赁物的前提。

项目公司作为一个独立的主体，具有独立的财务核算条件，相应地，项目收益独立于项目主办人即投资者的其他资产产生的收益，在此基础上，项目产生的相关销售收入等可以进行专户管理，在出租人作为债权人参与到项目中时，标的的独立性便于出租人对项目进行整体控制。独立性和明确的发展前景使得出租人可以更便利地处置租赁资产。

4. 运营操作更灵活

一是项目准入更具包容性。在准入时，更多考虑的是项目有相对独立的收益能力，出租人可依托项目本身收支平衡，判断其业务的经济可行性，而对项目母公司的资信等级要求弹性较大。从介入时间来看，采用项目租赁模式时，出租人介入项目的时间相对灵活，可以在规划阶段以直租的方式介入，投入资金，也可以在项目中期以直租+售后回租的方式介入，解决资金、资产流转问题，还可在项目后期以售后回租方式盘活项目资产。

二是租赁业务额度与期限更加灵活。设计项目租赁方案时在租赁业务额度上可以尽量匹配项目资金需求总额和剩余进度，并依据项目本身的评估价值和未来收益来确定融资租赁额度和期限，以及租金偿还安排。

三是标的物便于估值。由于出租人在项目早期即规划设计阶段就可以介入，有机会参与项目的全流程管理，因而可以对整个项目的投资状况、实施进度、资产情况、风险因素等进行全面持续的监测、评估。较早的介入可以方便出租人更好地掌握租赁标的物的价值形成过程甚至是直接参与，并对其进行实时监测，明确标的物的形态、来源、归属等情况，还可以准确地把握租赁物的估值情况，保证交易公允。同时在一般情况下，项目租赁标的物形成的实际价值远大于其账面价值，出租人支付的款项就远低于标的物实际价值，能更好地体现物权保障的价值。

5. 盈利收益更突出

银行项目融资的收益主要来自资金利差和信用级差。一方面，在利率尚未充分市场化的环境下，资金利差往往难以覆盖风险；另一方面，对拥有优质项目而自身信用等级不高的资金融入方而言，融资成本往往较高。而项目租赁出租人依托对项目本身市场价值的判断和自身资产管理的专业能力，不仅保障了项目资金到位，还使收益多元化、盈利更加突出，其中收益主要包括租金、服务费、保证金、余值收益及相应的资产管理服务方案带来的收益。

6. 风险管控更强力

项目租赁使得出租人能够对项目进行整体管控，且租金的第一还款来源主要是项目本身的收益，出租人有权对项目运营情况进行实时的评估、检查、监测，对项目收益进行专户管控。在租赁期内，出租人可实时监控项目进展及项目租赁标的物的状况，提升租赁资产专业管理能力，掌握项目运营动态、财务状况、股权变动、风险因素等，及时预警。除了建立应收租金专项资金监管账户，出租人还可通过现场走访等了解项目和租赁物的情况，做好风险预警。

项目租赁以项目的股权或收益权为质押，在项目未来收益不足以偿还租金时，出租人可以依据融资租赁合同获得项目的所有权或收益权，并对其进行处置，从而较为充分地保障出租人权益。由于项目租赁模式下，出租人的交易对手一般为项目母公司和项目公司（SPV）双重结构，项目整体运作可与母公司实现风险隔离，这意味着即使母公司出现债务风险和经营风险，出租人认为项目公司收益不足以覆盖租金或出险时，也不会对独立的项目产生影响，对于出租人来说降低了风险，出租人有权向项目母公司进行追索。

7. 租后管理更有效

项目租赁模式下，在保证项目正常运营的前提条件下，出租人可以最大限度地掌握项目公司的现金流，并依靠丰富的手段来进行租后管理。在项目运营正常的情况下，租赁资产的交易流转可转化为资本交易。在项目出险时，出租人可以依托对项目公司的股权或收益权的控制，通过项目公司的整体转让或收益权让渡的方式来处置风险。同时，基于项目租赁资产收益稳定、风险可控、集中度调控空间大、管理规范，出租人可以依托项目资产本身的信用评级采取 ABS、ABN、保理、抵押贷款、私募等多种形式开展金融市场运作，合理配置自身的资产负债结构并进行流动性安排。

第四章　项目租赁基本要素

第一节　承租人

在融资租赁交易中，承租人从法律属性角度来看，既可以是法人，也可以是自然人，实践中以法人为主。根据法人实体是否以盈利为目的，承租人可分为：以盈利为目的的企业实体，这部分承租人可以是分布于国民经济的所有行业的企业；不以盈利为目的的事业单位，即政府部门或相关机构，这部分承租人主要为社会提供服务，且可以通过收费弥补经营开支，具有稳定的现金流来弥补投资支出。

1. 项目形式

项目租赁，顾名思义，租赁指向的对象是项目。通常意义的项目是指人们通过努力，运用新的方法，将人力的、材料的和财务的资源组织起来，在给定的费用和时间约束规范内，完成一项独立的、一次性的工作任务，以期实现由数量和质量指标所限定的目标。

从项目形式来看，经济、法律意义上能够作为融资主体的通常是以项目公司的形式存在的即独立法人主体。对于出租人来说，可以是项目公司单独作为承租人也可以是项目母公司和项目公司的双重结构，融资主体即资金需求方是因一定目的设立的专门的项目公司，具有独立性，项目主办人本身的资信只是作为项目融资担保的一部分。

从实践经验来看，任何可以项目形式来进行筹融资的主体都可以作为承租人。其一旦发展到成熟阶段，项目租赁的交易手段、风控、盈利等模式能够稳定、可靠、可持续，项目租赁所指的项目就可以是概念而不仅指法人性质，任何具备资产、风险、财务独立核算条件的融资主体，都可以作为项目租赁的标的。

2. 选择标准

项目租赁作为一种新的融资租赁模式，在实操中也给出租人带来了新的挑战：一是项目的还款主要依赖于项目资产和现金流量，承担的风险较高。项目租赁一般是有限追索权的融资，对项目主办人没有完全的追索权，因为项目实体要么是不具备其他资产的企业，要么是不能对项目主办人直接追究责任。二是参与方多，合同和担保文件复杂，融资谈判时间较长，操作难度大。三是需要对正在建设或营运中的项目进行监控，管理费用较高。四是对出租人的专业性要求较高，目前融资租赁公司虽不乏经济和金融方面的人才，但机械设备、建设工程、信息电子等方面的人才相对匮乏，这是项目租赁实施中较大的制约因素。

在项目租赁业务开展过程中，融资租赁公司必须坚持项目择优的原则。首先，项目的选择应当符合国家的产业政策、自身的长远规划和经营战略，有利于自身发展目标的实现。其次，要对项目进行风险和预期收益分析，估计预期收益（利息和费用收入）和潜在收益，分析项目风险及可采取的风险防控措施。在对项目进行风险和预期收益分析的基础上，出租人应选择风险较小、预期收益较好、与自身匹配的项目。再次，出租人还需评估承租人的资信，确定承租人是否具有项目承建与运营所需的技术和经验。最后，为项目提供融资需符合出租人自身资产结构优化的要求，达到营利性、安全性和流动性的最佳组合。

具体到业务操作，可以从三个方面判断：一是主体情况，项目需具备相应的资格和能力，要能够独立运作、核算，项目具有或可以形成产权清晰、价值较大且以设备为主的项目资产；二是股东情况，所选择的项目具有资信可靠的股东，最好的是项目母公司能提供可靠的附属担保；三是财务情况，项目本身负债清晰，具有较好的发展前景，有一定的经济效益，能够产生稳定收益。

（1）主体情况。

项目租赁是以项目为标的对象的融资租赁模式，因此客户筛选的第一步就是针对融资主体即项目本身进行，需要全面了解融资主体所处行业、投资目的、前景、资产情况、融资需求、盈利模式等。

筛选项目的前提条件是项目在设立前必须通过可行性检验，并确认其法律主体资格合法有效存续，调查承租人需要取得经营所需要的相关资质、证照、许可或批准文件等，具备合法的经营主体资格，同时要具备良好的信用情况，无不良征信记录。另外，行业是承租人最重要的外部环境。因此，确定承租人所在行业处在稳定、持续、健康发展当中，是租赁项目一个重要的准入条件。

之后，要判断项目的盈利模式，主要分析项目如何盈利、盈利是否具有可持续性、目标市场及其规模等，分析所在行业主要产出指标的变化情况，如产品产量、销量、销售额的变化等。

从风险属性来看，项目租赁是以租赁物为主体风险的融资租赁资产，因此选择客户的关键在于必须拥有适格的租赁物。一般来说，选择的项目需拥有产权清晰、价值较大且以设备为主的资产，租赁物通常是项目的核心资产，必须价值公允且具变现价值，流通性不受限。

（2）股东情况。

承租人的股东一般是指项目投资者也就是主办人，股东的资信构成项目资信的一部分，因此需要充分了解股东的经营情况，及所拥有的资源状况，判断其资信，避免因投资主体的问题而发生项目中断等危机。

通常来说，如果控股股东属于实力较强的国有企业、上市公司、行业、龙头企业等，那么承租企业的整体实力往往也会较强，融资租赁项目风险相应也会较低。但是，此类企业的融资议价能力往往也会比较强，能够接受的资金价格相对较低。同时，还应关注承租企业及其股东的关联企业（指与承租企业或其股东之间存在直接或间接控制关系或重大影响关系的企业）的相关情况，尤其是这些关联企业中有无已经从外界进行过大规模融资的情况，以及社会信誉是否良好。

最基本的条件是要选择股东信誉良好的承租人，股东无资金出逃、无违规交易、无逾期负债等情况发生。财务亏损情况则视所处行业的不同而有所差别，最核心的是股东的商业模式要具有可持续性，要有可靠的盈利模式。

（3）财务情况。

要求出租人从项目财务角度分析、计算项目的财务盈利能力和清偿能力，据以判别项目的财务的可行性。承租人的财务情况包括资产负债、现金流量、营收与盈利等。承租人提供的财务报表和审计报告必须是可靠的，能够真实反映以往的业绩情况和承租人的经营状态。

在判断项目准入时要充分考虑到现金流情况。现金流指项目建设期及完成期的现金流入及流出，现金流入一般指项目筹资活动及项目产生的收益，现金流出指项目债务利息及租金偿还。可准入项目的现金流必须是稳定的、可持续的，且能够覆盖其融资支出。对可能出现流动性风险的项目要做进一步筛选。

3. 适用领域

目前，项目租赁的对象一般都是特定的经济实体或项目，租赁物是项目资产，融资目的是满足特定主体需要，偿债来源是项目本身的收益。对于承租项目来说，项目租赁模式能够解决其对设备的使用需求，满足盘活固定资产的需要。因此，这种中长期融资方案比较适用于能源环保、公用事业、工程建设、产业园区开发等通常采取设立项目公司形式来实现投资、建设、开发、运作等目的并能够实现一定收益的领域。

这些领域的项目作为融资标的，具有目标明确性、系统性、渐进性等特点，项目建设融资需求较大，且融资期限一般较长，建设完成后能够取得收益，持续产生现金流。在项目前期，承租人需要购置大量设备，在建设过程中，项目又会形成大量构筑物资产，一旦转固即可作为租赁物向出租人融资以迅速回笼资金，投入下一步建设运营中，从而保证整个项目的资金流转。如果项目采用项目租赁模式筹资，那么出租人可以提早介入项目，满足项目整个周期的资金需求，既可以满足设备使用需求又可以盘活固定资产。

（1）能源环保。

随着环保政策的持续推进，国家对新能源产业扶持力度不断加大，新能源产业在我国的发展速度也逐步加快。

2020 年 6 月 18 日，国家发改委、国家能源局发布《关于做好 2020 年能源安全保障工作的指导意见》（以下简称《意见》）。《意见》指出，在保障消纳的前提下，支持清洁能源发电大力发展，加快推动风电、光伏发电补贴退坡，推动建成一批风电、光伏发电平价上网项目，科学有序推进重点流域水电开发，打造水风光一体化可再生能源综合基地。安全发展先进核电，发挥电力系统基荷作用。开展煤电风光储一体化试点，在煤炭和新能源资源富集的西部地区，充分发挥煤电调峰能力，促进清洁能源多发满发。2020

年，常规水电装机达到3.4亿千瓦左右，风电、光伏发电装机均达到2.4亿千瓦左右。

能源是资本技术密集的行业，需要大量资金投入，但投资回报周期相对较长。我国一直鼓励融资方式多元化和创新化发展，保障新能源项目顺利实施，以促进我国新能源产业持续健康发展，切实满足相关方利益。但当前能源环保产业的融资困境依然存在，金融支持新能源产业发展中存在的深层次矛盾和问题也日益突出，新能源产业发展的金融供给明显不足。

新能源项目融资方式包括债务融资、股权融资和一系列创新金融产品，银行贷款仍然是主要融资方式之一。以电站建设为例，项目是以建设完成满足一定发电量的电站为目的，一般由投资方负责项目规划建设并设立项目公司专门负责项目的落地，项目具有相对独立性。项目建设内容包括设备购置、建筑工程、电缆铺设等。项目建设资金由项目资本金、投资借款构成。

从项目租赁的特征、优势来看，这种融资方式与能源环保行业的融资多元化需求非常契合。通过项目租赁，可以解决项目前期的设备购置资金问题，再以转固的构筑物为租赁物，可以解决项目期间建设资金流转问题，减少自有资金占用。而出租人可以依靠相对稳定的电费收费权作为租金偿还来源，获取一定利润，并通过项目租赁模式提升专业租赁资产管理能力。

（2）公用事业。

近年来，随着人民生活水平的不断改善，我国加大了对公共事业管理的重视程度，公共事业获得了极大发展，特别是随着新型城镇化进程不断推进，为公用事业投资拓展了新的空间。

2020年4月，国家发改委印发《2020年新型城镇化建设和城乡融合发展重点任务》(以下简称《重点任务》)。《重点任务》提出：补齐城市公共卫生短板，健全污水收集处理和生活垃圾分类处理设施；改善城市公用设施，健全城市路网系统，完善公交专用道、非机动车和行人交通系统、行人过街设施，完善市政管网和排水防涝设施，健全停车场、智能快件箱、社区菜市场等便民设施，扩大普惠性养老、幼儿园和托育服务供给，实施全民健身提升工程；加快推进城市更新，改造一批老旧小区、老旧厂区、老旧街区、城中村，完善基础设施和公共服务配套。

公用事业项目就是由政府或以政府投资为主体、与其他投资者共同出资兴建的，以社会公众福利为投资根本目的的项目。一般所说公用事业项目包括电力、供水、废物处理、污水处理、燃气供应、交通、通信等。公用事业项目一般具有寿命长、见效迟、后期效益大等特点。随着公用事业体制改革市场化，投资主体由单一向多元转化。主要分为三类，第一类是靠财政解决的项目，第二类是用经营性收益+财政补贴覆盖债务性资金和项目运营，第三类是市场化经营性收益能够完全覆盖项目投资资金。市场化项目如燃气建设等民生工程，建设完成后可以获取销售收入，项目建设资金来源包括项目公司自筹资本金、财政拨款以及通过贷款、融资租赁等方式取得的资金。

从项目准入的角度来看，公用事业项目具有适格的标的物，设备资产所有权属于项目公司，产权清晰，且稳定性好，保值增值能力强，构筑物建设完成后价值可评估，且项目的前景较好，建设完成后，可持续产生现金流，能够覆盖租金，同时项目的独立性有利于出租人对项目进行整体把控。

（3）新基建。

中央会议强调，要加大公共卫生服务、应急物资保障领域投入，加快5G网络、数据中心等新型基础设施建设进度。要注重调动民间投资积极性。在补齐铁路、公路、轨道交通等传统基建的基础上大力发展5G、人工智能、工业互联网、智慧城市、数字经济、教育、医疗等新型基建，以改革创新稳增长，发展创新型产业，培育新的经济增长点。

当前经济下行状态下，进行新基础设施建设是刺激经济恢复增长的必要手段，但在现有政策框架和对各级政府各城投的债务约束的状态下，保障新基础设施建设的融资成为关键。融资租赁行业与实体经济紧密相连，兼备融资和融物特点，天然具有服务基础设施建设和产融结合的优势，也需发挥行业功能，加大新基建布局，项目租赁就是一个非常适合的切入方式。

以5G基站产业链为例，楼面基站作为4G/5G基站的重要组成部分，对于传统债权机构而言，相关资产多为使用零散采购的元器件组成的非标准化设备，分散且价值认定难，导致企业目前的融资主要以股权融资和银行借款为主。从项目租赁角度来看，作为租赁物的基站所绑定的应收账款质量较好，回款平稳，且通过企业的业务系统，所有基站均可定位，实际开展融资租赁业务，债项安全性较好。

以人工智能为例，根据中国《新一代人工智能发展规划》，2030年，人工智能核心产业规模超过1万亿元，带动相关产业规模超过10万亿元。然而地方政府的债务水平较高，完全依靠政府的财政支持和债务支持并不现实。

人工智能产业链中，应用层的产品涉及面最广、商机最多，产品包含无人机、智能驾驶、智能机器人、智能教育、智能金融、智能医疗、智能安防、智能搜索。仅从机器人市场来看，由于机器人单体价格较高且属于新兴产品，市场开拓难度较大。这种情况下，可以通过项目租赁模式融合出一种新的商业模式。首先帮助机器人公司设立独立的、专营服务的SPV公司，租赁公司与SPV公司达成项目租赁交易，以其核心资产机器人作为租赁物，同时相较于销售产品模式，SPV公司通过免费供给、收取系统服务费的方式获取收益，产生的现金流可以覆盖租金。

（4）其他。

项目是当前经济发展、产业升级的重要实现方式和载体，尤其是在推动战略性新兴产业发展的过程中，带动了大批产业园区项目的兴起和集聚。

2018年10月12日国家统计局第15次常务会议通过了《战略性新兴产业分类（2018）》。战略性新兴产业是以重大技术突破和重大发展需求为基础，对经济社会全局和长远发展具有重大引领带动作用，知识技术密集、物质资源消耗少、成长潜力大、综合效益好的产业，包括新一代信息技术产业、高端装备制造产业、新材料产业、生物产业、新能源汽车产业、新能源产业、节能环保产业、数字创意产业、相关服务业等九大领域。

为推动战略性新兴产业各领域集群加快发展，国家出台了一系列产业支持政策，同时各地推出了配套产业园区政策，以推动重大项目建设，增强产业发展后劲。产业园区作为产业聚集的载体，肩负着聚集创新资源、培育新兴产业、推动城市化建设等重要使命。产业园区的形式多种多样，有高新区、开发区、科技园、文化园、农业园、物流园，以及近来各地陆续涌现的科技新城、产业新城等。

在优化金融服务方面，各地多措并举引导金融机构加强产品和服务创新，打造多元融资机制。随着政策的不断调整，产业园区的运营模式将由过去的产业+地产开发的模式，转变为未来的长线资本支持、长期资产运营的发展模式，融资租赁以其金融及产业的属性，可以有效赋能产业园区的发展。

融资租赁不仅具有金融属性，同时兼具产业属性，通过项目租赁手段一方面可以解决园区运营商及入园企业的资金问题，另一方面可以解决运营商和入园企业的资产问题。对于融资租赁公司而言，通过项目租赁模式，不仅获得了优质的租赁资产，还获得了有权属价值的商住资产，随着不动产的增值，获得稳定的租金收益及超额回报。此外，在积累优质资产的同时，还可以在租赁期内对持有的资产进行资产抵押，或者发行产业基金、Reits，实现资产的再融资。

综合来看，作为以项目整体为标的的创新融资租赁模式，只要项目具有适格租赁物、满足现金流要求、符合一定风控标准，均可以适用项目租赁模式，不局限于任何行业。

第二节　租赁物

对于融资租赁业务来说，租赁物即指融资租赁合同的标的物，是当事人权利、义务共同指向的对象。融资租赁标的物是构成融资租赁法律关系的基础，其具有广泛性、限定性。融资租赁合同必须要有相应的租赁物，《民法典》第七百三十七条明确规定了“当事人以虚构租赁物方式订立的融资租赁合同无效”。

1. 租赁物特征

根据融资租赁法律关系，租赁物应具备以下特征：

（1）可流通。

租赁物依法可流通。租赁物的流通不违反法律及行政法规的规定，这是确保融资租赁业务合法的基础。融资租赁合同关系包含买卖合同和租赁合同两方面，租赁物若为国家禁止或者限制流通之物，自然影响到租赁合同租赁物的效力基础。

（2）实体物。

租赁物一般为实体物。在融资租赁关系中，租赁物通常均为有形物、实体物，知识产权等无形物不能独立构成融资租赁的标的物。《金融租赁公司管理办法》规定：“适用于融资租赁交易的租赁物为固定资产。”商务部《外商投资租赁业管理办法》（已废止）规定，生产设备、通信设备、医疗设备、科研设备、检验检测设备、工程机械设备、办公设备等各类动产和飞机、汽车、船舶等各类交通工具附带的软件、技术等无形资产可以作为租赁财产，但附带的无形资产价值不得超过租赁财产价值的1/2。该条文在认同无形资产作为特殊的租赁物的同时，也否定了无形资产单独作为租赁物的合法性。

（3）非消耗性。

租赁物应为非消耗物，确保租赁物的所有权和使用权从客观上可以分离。消耗物是指仅一次性有效使用就灭失或品质发生变化的物，比如食物。非消耗物是指经反复使用也不会改变其形态或性质的物，房屋、机器设备等皆为非消耗物。《合同法》第二百三十五条规定，“租赁期间届满，承租人应当返还租赁物。返还的租赁物应当符合按照约定或者租赁物的性质使用后的状态”。若租赁物为消耗物，则出租人的所有权得不到保障，承租人亦无法达到持续使用租赁物的目的。

（4）两权分离。

租赁物的所有权和使用权可以分离。融资租赁业务中的租赁物，其所有权属于出租人所有，使用权属于承租人所有。在售后回租业务中，在成为租赁物之前，该物必须由承租人真实拥有并有权处分。若租赁物所有权和使用权无法分离，则融资租赁合同不能成立。

（5）出租人取得所有权。

出租人应当合法取得租赁物的所有权。《金融租赁公司管理办法》规定，金融租赁公司应当合法取得租赁物的所有权，金融租赁公司不得接受已设置任何抵押、权属存在争议的财产或已被司法机关查封、扣押的财产或所有权存在瑕疵的财产作为售后回租业务的租赁物。

以上特征决定了租赁物在融资租赁中具有不可替代的法理作用：

其一，构建融资租赁法律关系。融资租赁是以融物的方式进行融资，没有合格的租赁物，就不能建立融资租赁法律关系。

其二，对租金债权的担保。租赁物的价值可以保障租金债权的回收，具有风险缓释作用。当项目出险时，租赁公司可以收回租赁物并变现以抵偿所欠租金。

2. 租赁标的物要求

项目租赁的标的物为项目资产的集合，租赁物的质量直接关系项目的收益水平和履约能力。因此，其除具备租赁物的一般特征外，还必须达到权属清晰、价值公允、能产生收益的要求。

(1) 权属清晰。

权属清晰，即在融资租赁交易结构中，融资租赁标的物为真实所有，其占有、使用、收益和处分的权利明晰且可分离，能够确认融资租赁标的物为承租人占有、使用；能够提供风险载体，保障融资租赁交易中出租人对融资租赁标的物的收益、处分的权利。项目租赁基于项目整体的权益归属来展开交易，并以项目公司的股权为质押，既能满足承租人对租赁物的使用需求，又能保障出租人应当享有的权利。

(2) 价值公允。

价值公允，即一定要有价值，且可以被公允计量，便于计算交易费用进行会计处理，保证权责对等，避免虚假套利。保证融资租赁标的物具有公允价值，是任何业务模式存在的前提，也是会计核算和风险计量的基础。项目租赁模式中，由于出租人对项目的掌控程度，还可以参与租赁物的形成过程，可以更好地明确租赁物具备公允价值。同时，项目租赁的融资额度及还款安排可以建立在对项目资产的市场化估值和未来收益的审慎评估的基础上，可以有效地保障租金额度和还款安排与项目实际价值和未来现金流的合理匹配。

(3) 能产生收益。

能够产生收益，即具有收益权能，是指收取由原物产生的新增经济价值的权能。所谓新增经济价值，包括由原物派生出来的果实（天然孳息），由原物产生的租金、利息等法定孳息，以及由运用原物进行生产经营活动而产生的利润，等等。项目租赁的核心在于项目是独立的且项目资产独立发挥效用产生收益，出租人的还款保障则是源于项目本身的收益，因此租赁物能否产生收益非常关键。

3. 租赁物范围

租赁物的范围是指可以成为融资租赁标的物的界限。国际上关于租赁物的学术界定主要见之于苏迪尔·阿曼波与 T. M. 克拉克在 20 世纪后期的相关著述，苏迪尔·阿曼波、T. M. 克拉克提出：任何有形耐用财产均可租赁。

苏迪尔·阿曼波曾归纳融资租赁五大构件及其目的：①市场，开展商业活动；②会计，向股东、投资者、债权人等报告商业/经济实情；③税收，征缴税收并对广义的社会经济政策产生影响；④法律，解决纠纷；⑤监管，发放营业许可和进行监督。

这5大构件，因其职能目的，在参与融资租赁业务中需要对可以进行融资租赁交易的标的物设置一些规定，一般是对标的物的性质、特征等的限制性范围规定。

从国际层面来看，1988年的《国际融资租赁公约》第1条第4款将公约适用的范围限定在“涉及所有的设备的融资租赁交易”。国际统一私法协会于2008年通过的《租赁示范法》中对融资租赁标的物的定义为：“融资租赁标的物指所有承租人用于生产、贸易及经营活动的非消耗性财产，包括不动产、设备、未来资产，特制资产、植物和活的以及未出生的动物。融资租赁标的物不包含货币或有价证券。”

从域外法的内容来看，较多国家并未对租赁物范围做出过多限制。《俄罗斯联邦融资租赁法》第3条规定，租赁物可以是任何可用于经营活动的非消耗物，包括除了禁止或者限制流通物、土地、自然遗产以外的不动产和动产。西班牙在1988年法律26号文件第7补充规定“关于信用机构的纪律和管理”中定义了融资租赁，共须满足四个条件：①在承租人的指定下取得动产或不动产，并将其使用权以一定的对价（定期支付租金）转让给承租人；②该财产被承租人用于农业、渔业、工业、商业、交通、服务或其他专业活动目的；③承租人享有在租期届满取得租赁物的选择权；④如果承租人不行使该选择权，出租人可以将使用权转让给另一使用人。该条仅对融资租赁的交易结构和租赁物用途提出要求，而未对租赁物范围做出限制。《美国统一商法典》规定，融资租赁中的货物是指符合租赁合同要求的一切可移动的物体，或者不动产附着物，但不包括货币、文件、票据、账簿、动产契约、一般无形资产，以及包括未开采的石油天然气类的矿产。

我国自引进融资租赁以来，虽然对融资租赁标的物已经有了一定程度的认识和理解，但受国家相关政策及经济环境的影响以及多头管理模式的制约，关于融资租赁标的物尚未形成清晰、科学的概念体系，在认定和判别标准上往往存在较大争议。

最早对融资租赁标的物的监管层面的范围界定出自2004年由商务部和税务总局联合发布的《关于从事融资租赁业务有关问题的通知》，其中第三条对内资试点企业的融资租赁标的物的范围采取肯定式列举法，标的物范围相对狭窄，限定为特定领域的设备、工程机械等，这是由当时对融资租赁的认识、经济发展需求和行业发展程度决定的。到 2005 年，商务部颁布《外商投资租赁业管理办法》(2018 年已废止)，针对外资融资租赁公司的融资租赁标的物范围同样采取肯定式列举法，范围中列明了标的物为几类动产，在内资试点企业的范围外增加了检验检测和办公设备。同时 2005 年的《外商投资租赁业管理办法》中首次针对无形资产作为融资租赁标的物做了明确规定，规定所述动产和交通工具附带的软件、技术等无形资产可作融资租赁标的物，但附带的无形资产价值不得超过租赁财产价值的 1/2。

随着业务规模的增长和行业经验的积累，行业内外对融资租赁的认识水平逐步提高，认可度逐渐增强。2007 年由原银监会颁布的《金融租赁公司管理办法》中规定，适用于融资租赁交易的标的物为固定资产，直至 2013 年，在商务部发布的《融资租赁企业监督管理办法》中，对于融资租赁标的物范围采取概括式立法模式，与《金融租赁公司管理办法》将标的物范围限定为固定资产不同，商务部更加关注融资租赁交易及租赁物本身的特征，规定融资租赁企业开展融资租赁业务应当以权属清晰、真实存在且能够产生收益权的融资租赁标的物为载体。此外基于售后回租模式的特殊性，规定其标的物应为能发挥经济功能，并能产生持续经济效益的财产。

当前项目租赁比较多地应用于环保、电站、公用事业等建设工程项目，考虑到租赁物的通用性、价值及变现能力，一般以项目资产中的设备资产为主，附带附属设施资产。电站、管网、机械设备、道路、配套设施等工程项目中常见的固定资产通常均可作为租赁物。

(1) 设备。

设备是项目建设、经营过程中使用的固定设备及辅助设备，设备有通用设备和专用设备。通用设备包括机械设备、电气设备、特种设备、办公设备、运输车辆、仪器仪表、计算机及其网络等。专用设备包括矿山、化工、航空航天、公安消防等专用性较强的设备。设备是项目重要的固定资产，有明确的所有权、使用权以及用益物权和担保权，其价值确定能够计量，且具备统一的折旧方法，设备的所有权和使用权能够分离，是最为常见的租赁物类型。

(2) 设施。

设施一般指为满足某种需求而建立的一套系统工程，包括建筑物或构筑物及附属设施。建筑物一般指供人们进行生产、生活或其他活动的房屋或场所。如工业建筑、民用建筑、农业建筑和园林建筑等。构筑物则是具有居住、生产经营功能的建筑物之外的人工建造物，主要包括道路、桥梁、隧道、堤坝、水渠、水池、水塔等设施，人工养殖设施，以及地窖、地下管网等。附属设施主要是指附属于建筑物、构筑物并辅助其发挥功效的设施，如电线杆、电缆、变压器等电力、广播、通信设施，以及雕塑、纪念碑等均属此类。

包括公路、水运、港口码头、民用机场、通用航空设施、铁路干（支）线、城际轨道交通等在内的建筑物和构筑物一般都是项目建设完成后形成的固定资产，建设价值较大，是项目资产中的重要组成部分。设施类融资业务通常均以项目租赁的形式实现，其权属、估值及资产管理也有别于单体设备租赁。

项目租赁模式下，租赁物的形式与项目租赁的期限安排及项目本身的状态有关。若项目租赁开始时其标的项目处于建设期内，则部分租赁物可能为未完成状态，如未转为固定资产的在建工程，这种情况下，当租赁物为可计价状态时，再由承租人将租赁物的所有权转移至出租人。

第三节　交易结构

交易结构设计是控制项目风险、保证项目收益的重要手段，需要明确交易各方的权责、风险控制措施等。项目融资租赁交易以总合同下的单项设备或其他资产分合同的组合作为契约保障。相较于单体租赁，项目租赁是总合同下若干单体租赁合同的集合，除单项设备、设施合同外，往往还有归集项目收益的专户管理合同、股权或收益权的质押合同以及母公司代偿或担保合同。从交易结构看，项目租赁对出租人的权益保障更加充分。

根据项目融资需求、状态及租赁物特征，项目租赁方案中可设计直租、售后回租或者直租+回租的混合模式，以满足项目设备使用、建设资金投入、项目经营运转等需求。

1. 直租

直接融资租赁指出租人独自承担全部设备购置成本的租赁交易，项目主办人设立一个单一目的的项目公司，负责项目的日常管理；由租赁公司负责筹集资金并购买所需的设备和设施。直租模式一般涉及主办人、出租人、承租人、供应商（或承建商）、保险机构等。

项目直接租赁模式一般要经过以下几个操作过程：

①项目主办人设立项目公司（或其他形式的特殊目的载体），由项目公司与租赁公司签订租赁协议，但项目主办人为项目公司提供租赁协议履约担保，同时将项目公司的股权质押给出租人。

②租赁公司与设备供应商或设施承建商（以下分别简称供应商或承建商）签订购买协议。

③项目公司与供应商（或承建商）签订设备（或设施）的售后服务协议（或维修协议），项目公司为设备（或设施）购买相关保险，并负责设备（或设施）的维修保养。

④租赁公司支付价款并获得设备（或设施）的所有权；租赁公司将全部租赁物在中国人民银行征信中心动产融资统一登记系统办理租赁物登记。

⑤供应商（或承建商）向租赁公司移交所有权并向项目公司交付设备（或移交设施）。

⑥项目公司使用设备（或设施）并向租赁公司支付租金。

⑦租赁期满后，如果承租人正常履约、支付完所有应付租金，则按照合同约定处置该设备（或设施）。通常的做法是出租人向承租人收取少量款项（设备留购价）后，将设备（或设施）的所有权移交给承租人。

直租模式一般适用于在项目前期需要进行大批设备购置的项目，如光伏电站项目需要采购发电设备组件，这类设备资产通用性强、金额大，属于电站项目的核心资产，变现能力强，一般采用直租模式来满足使用需求，同时还能解决项目前期的资金投入问题。

2. 售后回租

售后回租是指承租人以融资为目的将资产出售给出租人后，又将该项资产租回的交易行为。售后回租中同样涉及买卖合同和融资租赁合同，出租人同时也是买方，承租人同时也是卖方。

在一般的售后回租交易中，只涉及出租人和承租人双方，交易结构相对简单，有时会需要加入担保人。对于承租人来说，根本目的在于筹资，出售资产时可取得全部价款的现金，而租金则是分期支付。对于出租人来说，售后回租交易是一个相对风险小、回报有保障的投资机会。

3. 直租+回租

项目租赁模式下，由于租赁物是项目资产的集合，其交付是分阶段完成的，起租时间也有所不同。通常项目拥有的资产类型较为丰富，包括通用设备、专用设备、建设完成后的附属资产、不动产构筑物等。不同类型的资产由于其性质、价值、形态的不同，适用不同的操作模式，而项目租赁的融资租赁合同本身就涵盖多种契约保障，是单项设备或其他资产分合同的组合，因此项目租赁交易可能既涉及直租又包括回租。直租和回租的交易安排均需按照合同来进行确认，需具备明确的租赁物清单，其融资金额的确定与租赁物价值相关。

第四节 盈利模式

盈利模式就是赚钱的渠道，是企业在市场竞争中逐步形成的赖以盈利的商务结构及其对应的业务结构。项目租赁与传统单体租赁的盈利模式基本一致，最基础的都是利差模式，获取利差和租息收益，在此基础上，因交易结构的不同，还可拥有获取利益的其他渠道。

1. 收益构成

在项目租赁模式下，出租人通过投放租赁款，实际上作为资金方在参与项目的运作，承担一定的项目风险。相应地，出租人有权利，也有条件获取基于项目资产专业化管理的增值收益，因此项目租赁的基本盈利模式应该是：利差+项目资产管理增值服务收益。具体来看，项目租赁的收益构成主要包括服务费、租金、保证金和余值收益。

（1）服务费。

即项目租赁的承租人因出租人为其提供租赁服务应当向出租人支付的费用。

融资租赁公司在开展项目租赁业务时收取手续费要有依据。服务费在融资租赁行业频繁使用，已形成行业惯例，是被承租人所承认的一种交易习惯，在交易合同中由交易双方进行共同约定，受《合同法》的保护。

按租赁服务内容的不同，项目租赁的服务费可分为以下几种：

一是租赁服务手续费。租赁服务手续费是所有融资租赁公司都有的一项合同管理服务收费。根据合同金额的大小、难易程度、项目初期投入的多少、风险的高低以及不同公司运作模式的差异，手续费收取的标准也不相同，一般在0.5%~3%。

二是财务咨询费。在一些大型项目融资中，若出租人为承租人提供全面的融资解决方案，会按融资金额收取一定比例的财务咨询费或项目成功费。视项目资产价值的大小，财务咨询费的收取比例、收取方法会有所不同，一般在0.25%~5%。目前，财务咨询费已逐渐成为部分有投资机构背景的融资租赁公司在开展租赁资产证券化、融资租赁与信托、债券与融资租赁组合、接力服务时重要的盈利手段之一。

三是贸易佣金。融资租赁公司作为租赁物的购买和投资方，能促进设备的流通，使生产厂家和供应商扩大市场规模，实现销售款的直接回流。收取销售的佣金或规模采购的折扣或保险、运输的佣金是租赁公司极为正常的盈利手段。收取贸易环节的各类型佣金已成为厂商背景的融资租赁公司，或是股东与厂商签订融资租赁外包服务的融资租赁公司主要的盈利模式。

四是服务组合收费。融资租赁公司在项目租赁合同中如果能够提供配件和一定的耗材供应、考察、专业培训等服务，既可单独收费，也可报入设备定价之内。组合服务是专业融资租赁公司重要的盈利模式之一。

服务费的收取应公开透明，价质相符。为了符合监管要求，租赁公司在收取手续费时应注意标准明确并加以公示，同时在合同里明确约定。在收取服务费或咨询费时，注意对咨询服务的形式、内容、期限等做出明确约定，并提供相应的服务，保存确实履行合同义务的证据。

（2）租金。

指承租人依据项目租赁合同约定应当向出租人支付的租赁物使用费，是出租人向承租人收取的出租资产使用权的补偿款。租金对于出租人来说是出租的收入，是最重要的收益来源之一。租金是出租双方通过谈判再根据资产成本确定的，一般会考虑到租赁物的买价、折旧费、修理费、手续费、保险费等因素。

影响租金的因素有很多，主要有租赁物的成本、租金的计算方法、利率、租赁期限、付租方式、付租间隔期、付租宽限期等。就租赁物成本来说，不只包括购买价格，还会涉及运输费用和保险费用，成本不同，则租赁本金及相应的租金不同。就租金的计算方法来说，不同的计算方法计算的金额不同。依据每期租金支付金额是否相等，可以分为等额租金和不等额租金；依据每期租金支付时间的不同，即是在每期租赁期限开始日或之前支付还是在每期租赁期限结束日支付，可以分为每期租金先付和每期租金后付。就利率来说，当其他因素不变时，利率越高，租金越多，反之越少。就租赁期限来说，期限越长，租金的额度越高，反之越低。就付租方式来说，由于期初付租时承租人占用出租人资金的时间较短，期初付租一般要比期末付租的租金少。就付租间隔期来说，有月付、季付、半年付、年付等，一般地，由于承租人占用出租人资金的时间延长，间隔期越长，租金总额就越多，反之越少。就付租宽限期来说，宽限期内承租人需要承担相应的利息，这部分利息可看成是租金的一部分，宽限期越长，租金就越多，反之越少。

租金的定价方式有很多种。一般采用全额偿付的租金定价、非全额偿付的租金定价以及短期租赁租金定价。

全额偿付的融资租赁业务是一种租赁债权的投资。租赁期满，承租人以一个象征性价款取得租赁物的所有权。承租人应付的租金是项目租赁债权最主要的部分，其次是手续费、贸易佣金等其他应收款。该方式下，租金的计算方法是依据租赁物实际购置成本，或融资租赁公司实际提供的融资额度，根据合同规定的租金偿还方式（如租金等额法，本金等额、余额计息法）按租赁费率分别计算出每期应付租金额。租赁费率一般在同期银行贷款利率上增加0.5%~5%不等风险费率。

非全额偿付项目业务，实际上是部分的租赁债权投资和余值再处理收益的投资。租金的确定一般先对租赁期满租赁物的余值进行风险定价，然后从购置成本或实际融资额中扣除余值作为计算租金的基数，在融资利率上再加上一定比率的风险费率，根据项目租赁合同规定的租金偿还方式，计算出每期应付租金。如果承租人为了表外融资，租赁期满有可能按公允价值留购租赁物，租赁公司可以与承租人事先商定公允价值的确定方法（出租人账面法、二手市场成交价法）和余值风险与收益的承担原则，扣除余值后，再进行租金计算。

项目租赁的交易双方共同确定租金后，出租人约定各期按照一定的比例收回资产的本金，并加上一定的利息作为各期的租金利息。目前融资租赁合同中对于租金的支付均普遍采用了类似银行加速到期的约定，即一旦承租人未能按期还款，则出租人有权要求承租人支付剩余全部租金，无论这些剩余租金是否到期。

租金的支付要结合出租人的风险偏好和履约目的，考虑总额及回收风险，选择最佳的还款方式。租金一般以人民币支付为主。近年来，随着我国企业的国际化进程日渐加快，融资租赁公司对外汇资金的需求越来越大，各地也相继出台相关政策，允许金融租赁公司、外商投资融资租赁公司及中资融资租赁公司在开展业务时，有条件地在境内收取外币租金。

（3）保证金。

又称担保金，是指为保证项目租赁合同的履行，承租人在合同订立时按应付租赁标的价款（或租金）的一定比例，付给出租人的担保金。保证金条款的设置除了提高出租人的内部收益率、缓解承租人临时性支付困难，主要是为了评估承租人的经济实力，起到门槛作用。保证金不是法定的债务担保方式，在项目租赁报价方案中应当明确保证金是否冲抵后期相应金额的租金，因为保证金是租赁期限结束后退还，还是冲抵后期相应金额的租金，将直接影响出租人的内部收益率和承租人的成本。

保证金交付后：①如果承租人不履行租赁合同的有关规定，就无权要求返还保证金。②如果出租人接受保证金后不履行租赁合同，根据惯例应加倍向承租人返还保证金。③如果承租人按规定正常履行合同，保证金可以抵销部分租赁物的价款或租金。承租人交纳保证金多少，依双方签订合同时根据标的物、承租方等情况商谈一个适当比例而定，一般为租赁物价款的5%~15%。

在租期结束之前，保证金在出租人账户上，出租人可以获得保证金的利息收入，合同到期再把保证金返还给承租人。

（4）余值收益。

在项目租赁交易中，各种设备及其配套设施构成的项目资产，可产生相对独立的收益，便于整体处置。若租赁公司将其回收的租赁资产进行销售、租售、租赁服务，实际是进行二手设备的销售和租赁服务的投资业务，也是实现租赁物余值价值获取投资收益的主要方式。

根据项目租赁合同的交易条件和履约情况以及设备回收后再租赁、再销售的实际收益扣除应收未收的租金、维修等相关费用之后，余值的收益一般在5%~25%，部分大型通用设备的收益会更高一些。提高租赁物的余值处置收益，不仅是项目租赁风险控制的重要措施，同时也是租赁公司重要的盈利模式之一。

2. 收益保障

出租人需要通过对项目自身收益的分析来判断项目可行性，测算项目还租能力。在项目租赁模式下取得收益的保障包括项目自身收益、项目资产价值及其变现能力。

（1）收益评估及测算。

项目的关键要素：一是合法性，公开招投标、核准、特许协议等；二是自由资金比例，一般不低于总投资的30%；三是租赁物，设备是否存在抵押情况，设备占总投资的比例；四是建设期风险；五是现金流分析，即净现金流覆盖租金的程度。

了解项目的基本情况是对项目进行收益评估的前提。项目的基本情况包括项目所属行业、企业性质、主营业务、经营情况、银行授信情况、融资情况、财务指标、股东构成、管理层等。

项目所属行业及主营业务是了解其商业模式及核心竞争力的前提，行业背景分析与评价包括主营业务及经营模式、行业发展情况、市场竞争格局、行业发展趋势预测，以此进行行业主要核心竞争力评价。经营情况、财务指标是项目核心竞争力的体现，主要了解历史项目情况、资产负债构成、利润、现金流等情况，重点关注应收账款、应付款、固定资产、银行借款等科目，分析偿债能力；银行授信、其他融资情况反映项目融资能力；股东构成是反映项目资信的重要部分，需要了解股东的经营情况及担保能力。

需要具体分析项目的租赁需求，包括项目总投资额度、资本金来源及构成、租赁标的物及价值、融资用途等。项目总投资额度及资本金来源反映其融资结构，是信用的重要体现。租赁物是开展融资租赁业务的前提与基础，租赁物价格不仅是确定融资租赁公司资金筹措金额和资金投入金额的依据，也是测算资金成本，计算项目租金的依据。融资用途是出租人对项目的把控要求之一，需要对资金使用进行监管。

在对接需求后，需要了解项目能否提供相应的增信措施，包括差额补足、股权及收费权质押、租赁物抵押、股东连带担保等。

项目优劣势分析是评估项目收益稳定性及可靠性的重要附加条件。项目优势是基于项目基本情况进行评估后，得出的有利于出租人进行风险控制、顺利回收租金的项目条件，体现在多方面，比如租赁物具有价值及处置优势、项目收益能力好、行业竞争力强、偿债能力高、担保增信措施完备等。项目劣势即可能影响项目收益的因素，比如行业政策不稳定性、投资主体的弱竞争力、项目可能存在建设风险等多方面因素。

项目收益测算在合理假设的前提下进行，是项目投资可行性评估的重要因素。收益测算是基于承租人过往现金流、承租人生产能力、同业收益水平等，同时考虑到未来收入影响因素进行的未来现金流预测。

（2）还租能力评价。

项目还租能力是项目投资可行性评估的决定性因素，由第一还款来源及增信措施两部分决定。第一还款来源即项目本身的收益保障取决于项目的发展前景及运营能力；增信措施包括项目连带担保主体的还债能力，抵质押措施的变现能力，等等。担保方的还债能力评价因素包括财务指标、信用状况、融资情况、市场定位等，抵质押措施的变现能力即抵押物和质权的价值及处置难度。

评价还租能力时对项目的现金流分析至关重要，是出租人进行决策的重要依据。现金流分析是把项目作为一个独立的系统，分析在某一个时期进入或离开这个系统的资金情况。一个项目在某一时期内支出的费用称现金流出，而在此时期内所取得的收入称现金流入。项目的现金流出和现金流入统称项目的现金流。同期的现金流入量与现金流出量之间的差额形成净现金流量（或称现金净流量）。当该差额为正数时，表明现金流入量大于现金流出量；当该差额为负数时，表明现金流入量小于现金流出量。

在进行项目投资之前，现金流分析就是对项目在建设期的资金投入进行估算，对运营期内的收入和支出做出预测，编制现金流量表，并以此来分析项目的财务状况、盈利能力和债务清偿能力。换句话说，现金流分析就是分析项目未来的现金流入和现金流出。在项目的生命周期内，现金流表现出明显的阶段性特征。建设期主要是投入资金、增加非现金资产，可能有少量的收入，但主要是现金流出，因而，净现金流量为负；项目投入运营后，营业收入一般都超过经营成本，因而表现为现金流入，净现金流量为正。

对于项目投资者而言，如果是普通项目，需要分析项目的整个经济寿命期内的现金流，以此判断项目投资的可行性；如果是特许经营权项目，只需分析特许期内的现金流，以此判断项目投资的可行性。对于出租人而言，无论是普通项目还是特许经营权项目，只需分析融资期内的现金流，以此判断项目融资的可行性。依据现金流对项目评价决策时，常用的方法有：

①偿债覆盖率法。

偿债覆盖率指项目可用于偿还债务的有效净现金流量与债务偿还责任的比值。偿债覆盖率的大小表示项目可用于还款的资金对债务本息的覆盖程度，即在项目融资条件（年限、利率、宽限期、还款方式）的约束下，可还款资金与应还本息的比率。比率越高，说明项目越具可行性。

②贷款偿还期法。

固定资产投资的借款偿还期指在国家财政规定及项目具体财务条件下，以项目建成投产后的收益中可用于还款的资金（如利润、折旧及其他收益）偿还本金及建设期利息所需的时间。

判别的标准是，当借款偿还期满足借款机构的要求期限时，该项目是可接受的。

③盈利能力比率法。

盈利能力比率指项目的盈利能力水平，也就是运用项目的各项资源获利的能力。利润率越高，盈利能力就越强，项目的可行性也就越强。通常用销售利润率、总资产利润率和股权收益率等指标来测算项目的盈利能力水平。

（3）资产价值及变现能力。

项目资产即租赁物是出租人物权保障和利益保障的关键，明确资产的实际价值，是保证并促进资产的合理流动的必要条件。同时租赁物的初始价值决定了对承租人的融资规模，相应地影响出租人的收益。

一般是根据取得租赁物的方式，遵循会计准则的要求确定租赁物价值。在直租项目中新建或从第三方购入的租赁物按照实际支付的购买价款、运输费、安装成本、缴纳的税金等确定价值；以售后回租方式购入的租赁物则按照账面净值或以不高于租赁物市场公允价值的计价标准确定价值。实践中，会根据项目的实际情况，参照行业最新数据，对比租赁物招标价格、最近的市场成交价及不同供货商同类型租赁物的市场成交价进行比较论证，项目租赁模式中，出租人因介入时间较早可对租赁物价值的形成有更准确的把握。

租赁物价值评估的重要因素是其变现能力，租赁物是否为项目的核心资产，租赁物是否为通用性资产等都是影响其变现能力的关键因素。对于租赁物属于一般性、专用设备的，租赁物定价标准一般不得高于租赁物账面净值或评估价值（孰低）的60%；对于承租人还款能力强、还租现金流充裕且租赁物的通用性及保值变现能力强的项目，租赁物定价标准一般会适当放宽。

第五章　项目租赁风险管理

针对项目租赁，风险管理是为了最好地达到项目的目标，识别、分配、应对项目生命周期内风险的综合性管理活动。由美国项目管理协会开发的项目管理知识体系指出，项目风险管理的内容包括项目风险管理计划、风险识别、定性风险分析、定量风险分析、风险应对计划和风险监督与控制。在执行过程中，项目风险管理可以简化为风险识别、风险计量、制定应对措施和风险监控四个步骤。

风险管理的过程如下：首先，按照一定的方法识别项目的风险事件，评估所识别的风险事件发生的可能性（概率）和损失后果；其次，根据风险的具体特点，提出具有针对性的风险对策；最后，实施所提出的风险对策。风险对策的实施反映在确定资金结构、选择投资结构、设计资信结构上，即如何使风险对策得到贯彻。因此，风险分析不但是风险管理的基础，也是设计项目租赁方案的前提。

第一节　主要风险

1. 政策风险

政策风险是指由于所处的经济环境和经济条件的变化，致使实际的经济效益与预期的经济效益相背离。宏观经济环境与经济条件的变化，是指国家经济制度的变革、经济法规和经济政策的修改、产业政策的调整及经济增长的波动。

（1）项目政策风险。

从承租人来看，项目本身面临一般企业共有的政策风险，因为项目是在一个国家或地区的社会经济环境中存在的，国家或地方各种政策，包括经济政策、技术政策、产业政策等，涉及税收、金融、环保、投资、土地、产业等政策的调整变化，都会对项目带来各种影响。

由于政治经济条件发生重大变化或者政策调整，会增加项目出现原定目标难以实现的可能性。特别是对于项目从发起、建设到运营的过程中，本身就需要取得各项政策许可的行业，政策风险蕴藏在整个项目过程中。从影响机制上看，政策风险的产生是由于政策变化，影响社会固定资产投资需求、紧缩银根、调整税收和影响承租人经济效益，进而影响租赁业务的投放。如产业政策的调整，国家对某些过热的行业进行限制，并相应调整信贷政策，收紧银根，提高利率等，将导致企业融资的困难，可能带来项目的停工甚至破产。又如国家对土地政策的调整，严格控制项目新占耕地，提高项目用地的利用率，会对项目的生产布局带来重大影响。

因此，在项目租赁交易的整个过程中，出租人要密切关注国家政治、经济周期的变化，熟悉国家调节经济的手段和工具，如土地供应、货币供应、项目产业政策等。

（2）行业政策风险。

从出租人来看，政策风险主要是指国家针对融资租赁交易和融资租赁机构所实施的政策是否存在向不利于后者的方向变动的风险，主要包括行业监管政策、会计制度、税收征管和各种抵免政策、外汇管理政策、鼓励投资政策等。

因此，在项目租赁交易的整个过程中，出租人应注意在国家各项经济政策和产业政策的指导下，汇聚各方信息，随时调整应对方法；同时加强项目内部管理，提高服务管理水平，降低项目营运成本，努力提高经营效率，形成项目的独特优势，增强抵御政策风险的能力。

2. 信用风险

信用风险是出租人不能按时足额收回租金的一种可能性，是由承租人信用问题产生的。承租人信用问题导致租金缴纳的拖延，甚至出现不能缴付的可能性而对出租人带来的损失称为信用风险损失。

（1）承租人信用违约。

信用风险可能由多种情况导致，包括承租人恶意欺诈、承租人故意拖欠租金，或者是由于项目运行中止、经营失败，承租人其他业务经营不善而造成企业现金流量短缺，没法按时支付租金而造成的信用风险。

因此，出租人在参与项目前，应搜集、研究拟投资领域的相关政策，对承租人的收益增长率进行合理预判。与承租人达成初步合作意向后，可聘请有资质的机构对承租人及拟投资项目进行尽职调查，以明确承租人的信贷关系、资产质押/抵押、公司经营和销售情况等方面存在的风险。同时，要认真分析承租人的主要财务指标，明确承租人财务状况，进而降低拟投资项目中途搁浅的风险。在对某些存在违约风险的承租方进行征信时可以适当提高保证金金额。

（2）出租人决策失误。

信用风险除了和承租方自身的企业信用有关系之外，有时也和出租方在授信时的主观判断有关。因为社会的授信系统还未达到透明化，目前大多数融资租赁公司在进行承租方的授信审核时，往往只能凭借承租方出具的财务报表、银行流水、各种证照和个人信用平台进行，这种审核带有主观性，有可能会漏掉看不到的信用危险。

因此，融资租赁公司在授信时不能只是凭借对方出具的信息来进行判断，而应该实地进行考察和询问，综合加以判断。此外，出租人可要求承租人提供抵押、质押、第三人连带责任保证等形式的担保。这样，在承租人资金周转困难，发生延付或拒付租金等违约事件时，融资租赁公司可行使抵押权、质权或要求第三人承担连带保证责任，最大限度地降低承租人违约造成损失的风险。

3. 市场风险

由于市场价格变化给项目收益和项目资产价值带来的不确定性，即为市场风险。市场风险也可以说是行业风险，国内外宏观经济环境的变动所造成的整个行业景气或不景气，会导致市场价格产生波动。市场风险考验出租人在本行业内的竞争能力。对项目租赁来说，直接影响项目租赁收益和租赁资产价值的市场风险主要有利率风险和汇率风险两种。

（1）利率风险。

租金构成的一个重要因素是利息。在按固定利率计算租金的情况下，如果市场利率上升，已经发生的租赁物的内在价值就会下降，因而给出租人带来潜在的损失；反之，如果市场利率下降，租赁物的价值就会上升。

租金计算中以固定利率（复利概念）为多，因为一般来说承租人希望有一个固定的租金支付额和支付期限，而不希望承担利率风险。但对出租人来说，固定利率会带来利率风险。融资租赁公司的负债和资产在期限上不匹配，还会加大利率风险的影响程度。如果租赁公司按项目单独筹资，筹资期限又与租赁期限一致，那么期限匹配较好，并且可以把筹资利息与租金构成的利息一致化，但这种筹资方式的成本也会随之增加，会影响租赁产品的吸引力。如果将出租人筹集的全部长短资金统筹运用，以平均成本计入租金，那么就会产生资金期限不匹配的情况，利率风险仍然会存在，特别在利率剧烈变动时，风险会很大，如果利率向上变动，则会给租赁收益带来很大的损失。

在租金计算中，一般承租人会接受固定利率和固定租金的方法，所以一旦市场利率有较大变化，就会影响租赁资产的现值——资本化价值。如果遇到利率处于上升时期，租赁公司将面临潜在的资产价值的损失。

（2）汇率风险。

汇率变动同样会给租赁收益带来风险。在我国，一般来说，租赁产品购自国外，且以外汇支付，融资租赁公司通过银行外汇贷款，或利用对方提供的出口信贷来支付货款。租金的厘定如果以外汇作为租金计价货币，虽然出租人把汇率风险转嫁给了承租人，但自己仍承担利率风险（如果将汇率风险转嫁给了承租人，承租人又没有管理汇率风险的经验和技术，那么一旦汇率风险发生，就会影响到租金偿付）。另外，从国外设备到岸、提货到支付外汇货款之间也会存在汇率风险。所以，发生在融资租赁交易中的汇率风险主要表现在两个方面：

一是设备进出口过程中的商业性风险，就是从购货合同的签订到租赁合同的完成过程中，可能会因为汇率变动使进出口设备的实际支付成本发生变动。

二是筹资过程中也会因为汇率变动而导致成本增加，如在外币筹资中，本币贬值导致的支付成本增加。

项目租赁的交易双方应密切关注利率及汇率的变化及其变动趋势。作为项目的出租人，利率是生命线，利率一旦向上变动就可能会连续地、惯性地向上移动形成利率加息周期。利率提高则项目成本增加，资金周转出现紧张，对租赁项目开展和业绩产生重大影响，因此利率变动对租赁业务的开展有着重要的指导意义。对利率风险的防范有如下建议：

加强利率走势预测，建立利率风险计量和风险管理计算模型，根据对利率的预测和市场变化情况及时对有关租赁产品定价进行调整，不断增强对市场利率变化的科学预测能力、综合分析能力和快速反应能力，并利用久期模型对公司资产匹配进行科学管理。

加强对金融衍生工具的研究，借助金融衍生工具规避利率风险，以应对越来越市场化的利率变化。租赁公司应密切关注防范利率风险的工具，如利率期货、利率期权、利率互换等金融衍生工具，并根据实际情况有选择地灵活运用，并注意各种衍生工具的搭配组合。

4. 操作风险

操作风险是指在项目租赁业务过程中，由于信息系统失灵或内部控制缺陷导致意外损失的风险。巴塞尔委员会的风险管理组织按操作风险损失的来源对其进行了分类，即：内部欺诈，外部欺诈，雇员制度和工作场所安全，客户、商品和机构运作，实物资产的破坏，营业中断和系统瘫痪，执行、传送和程序管理。

操作风险产生的原因比较复杂，不仅与操作系统相关，如后台支持、信息系统故障、业务流程问题等，而且与业务操作以外的领域相关，如欺诈交易、模型风险、报告和会计体系。对出租人来说，租赁物的价值往往比较高，且难以分割，一旦发生操作风险，损失通常是巨大的。

（1）内控制度不严格。

目前，很大一部分操作风险是由于内部控制制度不严、评估体系不健全或对操作人员的管理不严造成的，有时也是由于信息流通不畅造成的。如出租人进行融资租赁业务之前，没有科学地对租赁设备的投资及市场前景等进行项目评估，盲目扩展业务规模，或凭私人交易进行融资租赁投资，结果可能导致租金回收困难；或者出租人由于经营不善，造成筹资不足，未能按购货条款付款，造成供货人拒绝或推迟供货，使承租人不能如期使用设备，也无法按时向出租人支付租金，从而给出租人带来风险。

（2）缺乏专业知识。

由于融资租赁交易涉及关系较复杂，签订合同多，专业性特别强。一个完整的租赁过程往往需要涉及金融、贸易（采购或供应）、设备（技术）等方面的专业知识，因而对管理过程的控制和对管理人员的控制较为困难，加大了融资租赁的操作性风险。

融资租赁业务大多会直接面对单独客户，公司形象、职员行为和能力将在很大程度上决定项目能否成功，租金能否足额、按时收回。所以，融资租赁交易的复杂性，使得融资租赁业务的操作风险可能会比其他金融业务更大。而且租赁交易的操作透明度与其他金融产品比较，总的来说是较差的，所以也更容易发生操作风险。

5. 租赁物风险

在融资租赁交易中，租赁物从取得、出租、转让到处置，主要面临合规性风险、所有权风险和毁损灭失风险。

（1）合规性风险。

租赁物受法律规定限制，在融资租赁交易过程中，若租赁物不合法不合规，则不能构成融资租赁法律关系，会对租赁合同的有效性产生影响。如果融资租赁合同被认定无效，出租人将失去根据融资租赁合同收取租金的权利，其开具的增值税专用发票，承租人也将无法正常进行进项抵扣。若在融资租赁的交易结构中，同时设计安排了抵押、担保、保证等从合同，从合同也将因主合同无效而被宣告无效。

（2）所有权风险。

融资租赁交易的租期较长，接近于租赁物的经济寿命，期限通常在3~5年，也有10年以上的，较长的租赁期限使得融资租赁公司的租赁项目具有了长期风险投资的性质，租赁公司对租赁物的所有权控制存在风险。

在租赁期间，出租人对租赁物所有权的控制力较弱，使得出租人承担着较大的租赁物所有权风险，实践中承租人对第三人抵押租赁物、转租或者以租赁物进行投资的行为时有发生。在风险管理上，出租人要增强内部过程控制和外部监督，加强对这类租赁物所有权风险的防范。

（3）毁损灭失风险。

在融资租赁交易中，存在租赁物本身损失带来的风险。根据租赁合同，承租人负有对租赁设备的维修、保养义务，保证租赁设备正常运转，并在合同期满后完好无损地退还租赁物品。承租人是租赁物的实际使用人，如果出现承租人不能合理使用、维修、保养所租设备，而出现掠夺式使用等行为，就会给出租人造成财产损失，或者出现意外事故，导致因不可抗力毁坏或者灭失租赁物的风险。租赁物的毁损灭失，可能使出租人无法安全收回租金，租赁物对租金的安全保障作用大为减弱。

6. 建设风险

建设风险主要是项目本身的风险，包括设计的风险、施工的风险以及材料、设备和其他建设物资的风险等。从项目建设过程来看，建设风险有如下两种：

（1）完工风险。

技术和环境的变化都会造成项目完工的不确定，若项目采用技术（包括引进技术）的先进性、可靠性、适用性和经济性与原方案发生重大变化，导致生产能力利用率降低、生产成本提高、产品质量达不到预期要求的可能性，或者项目外部环境，如工程地质条件、水文地质条件和工程设计等发生重大变化，导致项目工程量增加、投资增加、工期拖长或者完工后无法达到预期运行标准，就会带来完工风险。完工风险一般来源于：由于前期准备工作不足或者工程设计方案不合理，导致项目实施阶段建设方案发生变化；由于技术和资金的限制，对项目的外部环境条件勘探不足、情况不明，致使在项目的建设和运营中出现问题，造成损失。完工风险还包括不可抗力的自然及环境灾害造成的风险。在地质情况复杂地区建设项目，应慎重分析工程风险因素。

（2）生产风险。

在项目试生产阶段和生产运营阶段，受技术、资源储量、能源和原材料供应、生产经营、劳动力状况等不确定因素的影响，会产生生产风险。技术方面的生产风险有：对技术发展趋势预测不足，出现新的技术替代了原有技术；对主要生产设备选择不当，或是设备之间配套存在问题，不能正常投入生产。对于引进国外二手设备的项目，还应认真分析设备的性能是否能满足产品生产需要、所采用的工艺技术能否适应当地的原材料等各种风险。

7. 环保风险

环境问题已经成为我国经济发展中一个日益突出的问题。环境保护风险是指由于需满足环保法规要求而增加新资产投入或由于环保问题项目被迫停产等风险。环境保护风险不仅表现在由于增加生产成本或资本投入而造成项目降低甚至丧失原有的经济强度，而且表现在一旦项目投资者无力偿还债务时，债权人取得项目的所有权之后也必须承担同样的环境保护压力和责任，而由于存在环境保护方面的问题，项目本身的价值也降低了。

环保风险主要是由于对项目的环境生态影响分析深度不足，或者是环境保护措施不当，引起项目的环境冲突，导致社会的反对或抵制，从而影响项目的建设和运营。因此，在项目租赁过程中，出租人和承租人要注意对项目周边或相关的环境生态影响进行认真分析。

第二节　风险控制流程

项目租赁应坚持“全过程、全方位、多角度、不间断”的风险管控方针，将风险管控体系贯穿项目租赁业务的始终。

1. 项目前期风险管理

项目前期的风险管理首先从租赁业务部门的项目经理开始。项目经理根据本行业的项目初选准则在行业内选择符合条件的项目，在与客户不断交往的过程中挖掘其融资需求，借助本行业的现场考察指引对项目实施尽职调查。

具体而言，即运用各行业的评估模型，对项目的经营规模、财务状况、未来发展期望以及风险可能性进行客观、准确的判断。同时，风控业务部门（或项目评审部门）风控经理要对承租人、供应商资质及财务状况等进行严格审查，通过交叉验证、现场访谈等手段核实所了解信息的真实性、全面性。

2. 项目中期风险管理

租赁项目起租后，在整个租赁合同执行期间通过租金回收管理、资产监控、重大事项预警/出险管理或其他信息反馈途径，及时发现来自承租人、供应商、外部监管机构可能潜存的信用风险、市场风险和政策风险等，并积极采取一系列措施，譬如客户巡视管理、重大事项管理、预警出险通知/处理等，以避免风险的爆发、升级，确保资产的安全。融资租赁公司负责项目中期风险管理的部门为资产管理部，该部门是租赁项目租金管理的主体部门，也是进行资产监控及重大事项预警、出险管理的部门。

（1）租金管理。

资产管理部通过对承租人租金的分级管理达到监控项目还款情况、进行租赁资产五级分类、指导巡视客户选择及翻单项目操作决策等目的。通过从项目评审到后期租金管理再回到项目翻单操作评审这一闭环管理，确保租赁项目的资产安全。

（2）租赁资产监控。

租赁资产监控，是指执行客户经营状况及其他影响租赁资产安全的异常信息的监测、获取及反馈工作。租赁资产监控工作对于租赁项目的中期管理异常重要，只有动态地收集承租人信息，及时发现项目风险，及早采取应对措施，才能将风险和损失降至最低水平。资产监控的手段分为日常网络监控和租赁资产现场巡视。

（3）重大事项管理。

重大事项管理，是指当承租人出现异常情况，可能对租赁资产安全产生重大影响时，出租人对租赁项目进行的制定、执行应对措施和处理计划，以及持续跟踪、反馈处理进展的全过程管理。

3. 项目后期风险管理

项目后期的风险管理主要是对不良资产的管理。不良资产一般是由公司专门的清收部门及人员进行租金的催收和资产处置。出租人通过探索处置渠道、积累风险资产处置资源，不断提高处置能力，争取最佳效益，实现回收价值最大化。

风险资产处置的手段包括租赁债权重组、法律手段追偿、收取抵债资产和核销处置等。同时，针对涉及诉讼的项目，就项目处理的全过程进行整理形成案例，归纳、总结其中的风险点并进行提示。第一，在项目处理的同时及时提示风险，使前台、中台、后台及时了解风险成因，制定防范措施并固化为风险管控措施或制度，在最短时间内杜绝后续项目重蹈覆辙。第二，对公司人员进行风险培训，用于对公司前台、中台、后台人员的风险教育。第三，将风险提示与案例用于对项目前期导入相关准则、规范补充与完善的重要依据，形成有效的闭环管理。

第三节 风险防控措施

1. 加强对政策法规的学习

政策法规风险是指政府对相关市场的政策发生重大变化或有重要的举措、法规出台而给行业发展带来的风险。因此，要有效地防控政策法规风险，就必须加强对政策法规的学习。

首先要认真学习和掌握宏观经济政策。宏观经济政策是指保持经济总量的基本平衡，促进经济结构的优化，引导国民经济持续、迅速、健康发展，推动社会全面进步的经济措施，包括产业政策、财政政策、货币政策、环保政策、收入政策等。通过学习，深刻理解政策的内涵，了解政策变动趋势，特别是相关政策如环保政策、税收政策、货币政策、监管政策变化对融资租赁行业的影响，为项目前期介入和租后管理提供可靠依据。

同时，法律法规是融资租赁的“四大支柱”之一，新的法律法规的出台和实施必然对租赁业产生重大而深刻的影响。所以，融资租赁从业人员要密切关注相关法律法规的出台和实施，及其对融资租赁行业的积极作用，对其可能给传统操作模式带来的冲击做好充分的思想准备，前瞻性地做好法规风险的防控工作。

2. 规范业务操作流程

规范的租赁业务操作制度一般包括租前调查、项目审批和租后管理三个部分。融资租赁业务要严格执行《合同法》《物权法》以及《民法典》等法律法规，坚持“三查制度，保证租赁业务高速度、高效益、高质量发展”。

租前调查要突出一个“准”字。调查人员应对承租人的资信状况、项目的可行性、担保的有效性等做全面调查，认真核实有关数据（包括财务数据）的真实性，做到情况真实、数字准确、责任明确，从源头上防范项目风险。项目审批要突出一个“稳”字。项目审查审批要严格执行前后台分离的原则。审查部门要排除干扰、独立审查、严格把关。项目评审会要充分发挥审贷的职能作用，每个成员都要实事求是地发表自己的意见，决不能按领导的意图违心地发表意见，坚决杜绝人情项目和领导项目。租后管理要突出一个“狠”字。要切实强化租后管理，租赁项目投放后，工作人员要及时跟踪、有效监督，发现风险苗头立即采取强制措施。特别是对项目租赁的标的物，要根据项目的特点，实行有针对性的监控措施，确保标的物完好无损，能正常使用。同时，加强对租赁物价值的常规评估，定期评价租赁物权对项目债权的担保能力，增强项目的风险防控能力。

3. 及时登记公示

2020年6月出台的《民法典》第七百四十五条明确规定：“出租人对租赁物享有的所有权，未经登记，不得对抗善意第三人。”同时，《金融租赁公司管理办法》规定，金融租赁公司应当合法取得租赁物的所有权。金融租赁公司不得接受已设置任何抵押、权属存在争议的财产或已被司法机关查封、扣押的财产或所有权存在瑕疵的财产作为售后回租业务的租赁物。

根据以上法律规定和管理办法，在项目租赁交易时，要将租赁物的相关信息在中国人民银行征信中心“动产融资统一登记系统”进行登记，对外进行公示和披露。在公示系统中对租赁物办理融资租赁登记，具有一定的公示作用，一定程度上起到对抗善意第三人的效力。此外，还应在租赁设备上或者其他适当位置贴挂相应的铭牌标记，标明相关设备的所有权归属以及租赁期限等重要信息。

在项目租赁交易中，租赁物所有权是属于出租人的，不存在进行抵押登记的问题。但在融资租赁实践中，出租人为防止承租人在承租期间将租赁物转让或抵押给第三人，通常会要求承租人办理抵押登记将租赁物抵押给自己，以保护租赁物的所有权。

4. 加强内控建设

内部控制是企业实现管理目标和安全运行的重要保障，更是全面风险管理的重要内容。融资租赁公司要全面提升风险管控能力，必须加强内部控制体系建设，包括以下五部分内容：

一是要完善组织体系。按照“职责明确、分工合理、相互制衡、报告关系清晰”的基本原则，坚持各部门负责人为本部门的内控合规管理“第一责任人”，明确租赁项目风险管理责任人，做到职责明确、各司其职。

二是强化规章制度体系建设，实现制度对各项经营活动的全覆盖，定期对制度进行后评价，建立动态纠错机制，健全评价体系；以关键合规点矩阵为重点，以内控评价为手段，将部门内自评价与现场检查方式相结合，对经营行为及时纠偏。对租赁项目要及时梳理风险点，对风险管控中的盲点和弱点，要结合公司实际，及时加强或纠偏，将风险消灭在萌芽中。

三是进一步强化授权管理，强化岗位约束，明晰审批流程和控制环节，构建与风险管控体系相匹配的岗位授权体系；推动部门和人员合规履职，提升内部监督效果；加强内控过程评价，动态完善控制措施，推动风险管控目标的实现。

四是完善内部审计机制，充分发挥内部审计的作用，促进风险管控能力的提升。

五是融资租赁公司应积极运用互联网、物联网、大数据、云计算等现代科学技术提升经营管理水平，建立健全客户风险评估机制，稳妥发展项目租赁业务，严格控制经营风险，避免发生操作风险。

5. 完善合同条款

融资租赁合同是确认交易当事人之间权利义务的法定文件，相关条款设计应更加合理完善，避免出现漏洞。

一是明确租赁物价值。融资租赁交易中，租赁物以专业性、定制的大型设备居多，在出租人与承租人对租赁物的价值存有争议时，因租赁物的独特性，按照一般的评估、拍卖程序难以确定租赁物的价值，因此需要出租人与承租人事先在合同中对租赁物的价值认定进行约定，比如根据发票、购买合同、交付书等确认价值，以便发生承租人违约、破产或合同无效等争议时无须评估仅根据合同的约定便能确定租赁物的价值。

二是确定租赁物归属。《最高人民法院关于审理融资租赁合同纠纷案件适用法律问题的解释》第十条规定，如果双方在合同中约定租赁期满后租赁物归出租人，因租赁物毁损、灭失或者附和、混同于他物导致承租人不能返还，出租人要求承租人给予合理补偿的，人民法院应予支持。反之，如果双方在合同中没有约定租赁期满后租赁物归出租人，当发生上述情形时，出租人不能向承租人主张合理补偿，势必导致出租人因此遭受损失。《最高人民法院关于审理融资租赁合同纠纷案件适用法律问题的解释》第二十二条规定，出租人根据法律规定请求解除融资租赁合同，同时请求收回租赁物赔偿损失的，损失赔偿范围为承租人全部未付租金及其他费用与收回租赁物价值的差额。合同约定租赁期间届满后租赁物归出租人所有，损失赔偿范围还应包括融资租赁合同到期后租赁物的残值。也就是说，如果合同约定了租赁期满租赁物归出租人所有，出租人请求赔偿损失的范围应包括合同到期后租赁物的残值，如果没有相关约定，则出租人不能主张该部分损失。因此，应在融资租赁合同中和承租人约定租赁期满后租赁物的归属。

三是明确租金及相关支付等约定。融资租赁交易中，出租人的主要权利是向承租人收取租金，租金是出租人获利的来源，因此，租金的标准、支付方式、支付期限以及承租人未按期足额支付租金时的处理方式对出租人而言尤为重要。如果出租人与承租人在融资租赁合同中没有对租金的相关事项作出事先约定，不仅容易导致有关租金履行的争议，而且会造成对出租人不利的后果。

四是约定违约责任。融资租赁交易应在合同中约定相应的违约责任，以督促义务方履行合同，保证守约方能根据合同的约定得到补偿或赔偿。如果双方未在合同中对违约责任作出约定，发生一方违约的情形时，则需要守约方举证证明己方由于对方违约所遭受的实际损失。实际案例中，实际损失的举证往往较为困难。

6. 落实担保措施

担保是确保债权得以实现并促使债务人履行债务的法律措施。因此要求对债权进行相应的担保是非常重要的。有了担保，就可以增加债务人信用等级，使债权得到最大程度的保障。债权担保的形式主要有保证、抵押、质押。

在接受担保时应认真审查相关决议手续的合规性，避免因担保人违反法律或章程规定提供担保而影响担保行为效力或卷入股东纠纷。同时还应分析担保方的股权结构，掌握实际控制人的信息，确保涉及股东或实际控制人的对外担保符合法律要求。

由于保证是以保证人的信用做担保的，在签订保证合同时，要重点考察保证人的保证能力（代为清偿能力）。首先要避免无效保证合同的出现，其次要防止超过保证期间的风险。

抵押是在债务人不履行债务时，债权人有权以抵押物折价或者以拍卖、变卖该财产的价款优先受偿的担保方式。

质押是指对于债务人或者第三人转移占有而提供担保的动产或者权利，在债务人不履行债务时将其变价并就该价款优先受偿债权的权利。应严格按照《物权法》相关规定履行权利质权的设立手续。

7. 建立预警机制

风险预警机制是指通过租后管理，发现项目风险的早期预警信号，运用定量和定性分析相结合的方法，尽早识别风险的类别、程度、原因及其发展变化趋势，并按规定的权限和程序对问题项目采取针对性处理措施以及时防范、控制和化解项目风险。

风险预警信号来源于多方面，针对承租项目，非财务状况方面包括产业政策变化预警信号、受到相关部门处罚、主要股东发生重大变化、出现较大经济纠纷等，财务状况方面包括资产负债率大幅提升、库存比项目实施前较大幅度减少、其他应收账款占流动资产比重过高、销售收入较上年同期下降幅度较大等。

还需特别关注租赁物状况预警信号，包括租赁物被有关机关依法查封、冻结或扣押，租赁物市场价值或变现价值与评估价值差距拉大，租赁物所有权发生争议，租赁物实际使用人管理不善等。

对于发现承租企业或担保企业有某些较大潜在或现实风险的情况，业务部、风险部经理要及时报告分管领导或总经理，并立即参与租后检查，提出处理意见，采取果断措施。

8. 提升人员的专业素质

融资租赁是通过融物等方式实现的融资，其将租赁物的所有权和债权结合起来，形成一种新的融资形式，所以与银行信贷相比，融资租赁更为复杂，对融资租赁从业者素质的要求也更加严格。在项目租赁交易中，为更早地介入项目，出租人也应该具备与项目相关的其他专业知识。因此，要提高项目租赁的质量，有效防控风险，必须从以下几个方面提升租赁从业者的专业素质：

一是较强的风险管理理念。融资租赁作为一种金融形式，同样面临各种各样的经验风险。因此经办人员与风险控制人员都要树立较强的风险管理理念，对项目投资的可行性进行有效的分析与深刻的判断，进一步提高融资租赁的风险识别能力和风险化解能力。

二是信贷和担保知识。融资租赁是租赁物的所有权与债权相结合的融资方式，而商业银行的信贷是债权融资的最基本方式，所以融资租赁从业者需具有银行信贷知识，这是对从业者素质的最基本的要求。同时，为了加强风险控制，还往往要求企业资产抵押或者第三方强有力的担保。因此，从业人员还应具有融资担保的风险控制理念，具备与此相适应的市场化的运作能力。

三是财务会计及税务处理知识。融资租赁涉及的财务会计知识与能力，远远超过一般意义上的债权融资。融资租赁从业者不仅要通过详尽调查，对财务进行分析，还应协助客户选择租赁方式和会计处理方法，做好租金支付和现金流的衔接，防止由于租金安排不当出现租金逾期风险。

四是设备贸易经验。融资租赁是三方两个合同的交易，除了融资租赁主合同外，还有设备采购合同等一系列的从合同。这就要求融资租赁从业者必须对设备采购技巧有基本的了解。在订立采购合同前，一方面，要立足承租人提供的拟采购信息，通过各种途径广泛询价；另一方面，要以自身租赁公司的信誉与供应商探讨付款条款，尽最大可能把设备的采购价降至最低，或者符合市场价值的价格，既避免被设备供应商和承租企业联合欺诈的风险，也为承租人减轻租金负担，以提高其履约的能力。

五是租赁物管理。对于融资租赁公司来说，无论融资租赁还是经营租赁，都需要从业者熟悉各种租赁物的性能、质量、损耗程度、残值等技术类指标，以及监控方式及相关市场等监管类指标，掌握价值评估的基本方法，为租赁物标的实物管理和价值管理奠定基础，有效防控项目的租赁物风险。

六是投资银行与管理咨询。融资租赁从业者需要具备投资银行的部分技能。从租后管理和主动防范风险角度讲，在融资租赁的租前环节，出租人需对承租人的经营情况和财务状况等方面进行详细的调查，以降低风险；而在租后的环节中，出租方不仅要对租赁物进行严格的监管，还要从承租人的发展策略、市场营销、生产成本管控、资金的调度、合作运作母子公司、协调股东与债权人的利益分配等经营管理的各个角度主动提供有效的建议，充分利用出租人的各种资源，为承租人提供有效的策略，让租赁项目可以持续经营，以保证项目融资的租金能正常回收，使项目顺利结束。

第三篇

项目租赁实务

第六章　项目信息与租赁方案

第一节　信息管理

项目经理主动开发租赁项目或者由第三方介绍租赁项目，第一步都是需要了解和收集项目和客户的信息，随后才能研判是否具备立项条件从而继续推进。前期的工作主要包括信息收集、备案登记、项目分配、前期调查。

1. 信息收集

项目经理采集和梳理客户基本信息，填写相应信息表格，内容主要包括企业名称、统一社会信用代码、企业性质、归属一级法人、股权结构、所在行业、主营业务等，同时获取企业联系人联系方式及职级等信息。此外，需要初步了解客户的融资金额、融资年限及拟提供的租赁物情况。

2. 备案登记

项目经理根据公司业务导向及政策，初步判断项目可行性后报业务部门负责人审核，然后报公司相关职能部门备案登记。备案登记的主要目的是核查是否属于公司的业务方向、是否与公司的存量业务有关联、归属一级法人的集团授信用信情况、是否多个业务部门同时跟踪同一项目，避免无序竞争。

3. 项目分配

职能部门对前台业务部门提交备案登记的项目进行审核，对于多部门提交登记的项目按照完成登记的时间顺序进行项目分配。对于公司统一营销等非前台业务部门主动营销的项目，需按照业务领域等原则进行分配。

4. 前期调查

前台业务部门完成信息备案登记后应进一步进行前期信息收集，调查项目基本情况，为项目立项做准备。相关业务部门提交承租人拜访申请，经同意后可开展承租人拜访工作，拜访结束后完成承租人拜访信息反馈、书面访谈记录。

（1）前期调查应通过现场访谈、实地查看租赁物和资料审验，调查核实客户的基本生产经营情况。

（2）项目经理进行现场访谈前应草拟访谈提纲，现场访谈应在客户主要经营场所实地进行，并形成书面访谈记录。

（3）项目经理应在前期调查时对客户提供的其他业务资料进行真实性、完整性和有效性的审验。

（4）项目经理进行前期调查前须履行相关审批程序。

（5）实地调查原则上应双人进行，完成后应将调查情况以书面方式汇报，然后公司根据与承租人的会谈情况、项目资料准备情况及条件完备情况，组织集体研究后决定是否召开项目立项讨论会。

第二节　立项讨论

在项目租赁中，承租人一般是以新建一个生产项目为目的进行融资，因此出租人参与项目的深度不再局限于项目的经营阶段，还应包括项目的前期立项可研阶段，出租人需要对承租人的项目进行实地调查，取得项目论证第一手资料，然后进行资料初审、立项讨论、立项审批。

1. 资料初审

项目营销人员在做好项目的初始信息收集、备案登记的基础上，对承租人开展前期调查，与承租人沟通业务需求、告知公司通用条款等内容，撰写租赁业务申请报告，准备好立项所需全部资料报所在部门初审后，提交公司相关部门进行立项审查。

2. 立项讨论

进入立项讨论环节，项目组需要完成前期立项准备工作，在开展承租人前期调查后，在符合出租人对项目风险管理总体框架要求的前提下，提交立项申请，由公司专门机构组织召开立项讨论会，对于该项目立项申请理由及操作的可行性（主要围绕项目核心指标）进行充分讨论和论证，得出项目业务类型、风险等级和是否立项等结论，对符合立项项目下一步操作重点提出意见和建议。

3. 立项审批

经立项讨论后，将立项讨论会研究结果报立项审批人审批。根据核心指标及其他相关条件判断，符合要求的予以批准，由公司营销管理部门通知营销业务和风险审查等部门按公司规定程序开展后续工作。

［**案例　机械设备融资租赁项目评审**］

本项目承租人因业务拓展需要，为提升企业实力及市场竞争力，需采购高端工程机械设备，承租人拟通过融资租赁方式解决设备采购问题，以缓解资金压力，降低经营风险。出租方业务人员在接到承租人融资申请后，及时了解承租人基本情况、资金用途、融资需求等情况，初步判定本项目属于建筑施工领域，租赁物为工程机械设备，符合业务定位，拟继续推进本项目，并在相关部门进行了项目备案登记，随后对承租人进行现场实地拜访，进一步核实承租人融资需求的真实性，并对双方基本情况、本次租赁业务合作要点、租赁物基本情况等问题进行了探讨，最终根据实地访谈的情况，对项目本身、所属行业、承租人、租赁物、风险缓释措施、承租人租金偿付能力等进行分析，形成尽职调查报告及项目资料，并提交立项申请。

项目资料经项目审查岗审查通过后，组织召开立项讨论会，会议从承租人、租赁物、风险缓释措施三个维度对本项目立项申请理由、项目方案及操作的可行性进行充分讨论。鉴于本项目属于建筑施工领域直租业务，项目交易结构清晰明了，资金用途明确，收益率不低于10%，符合出租人业务领域定位，属于出租人鼓励开展业务类型，且收益满足出租人要求，此外本项目风险缓释措施较完善，可有效降低项目风险，会议认为本项目基本符合立项要求，并经立项审批人审批同意立项。

但本项目租赁物涉及海外供货商，立项讨论会针对海外进口、清关等问题进行了深入讨论，要求业务部门认真研究跨境业务相关法律、税务等问题，并在后续洽谈时核实相关问题，此外还核实了承租人实际经营情况及信用状况，租赁物现有市场地位与未来市场前景，租赁物价值、权属及合规性等问题，最后要求切实落实项目风险缓释措施。

第三节　租赁方案设计

1. 方案设计思路

项目租赁方案要素包括承租人、租赁物、租赁期限、租赁本金、租赁资金用途、租金支付方式、风险缓释条件及收益条件。项目租赁方案设计的总体思路是以项目的自偿性为前提，通过对项目现金流的审慎测算，合理确定项目融资金额、期限、风险缓释条件和收益条件，对项目进行有效控制，最终实现租金安全回收。

2. 承租人主体甄别

主体行为是项目租赁融资风险的起因之一，而主体利益目标及其主体间的利益冲突则是主体行为最直接的内因。由于项目租赁经常会涉及多个参与主体，包括项目主办人、项目公司、项目总承包方、项目运营方、保险机构等。所以在进行项目租赁交易前，需要明确融资租赁的交易对手即承租人。承租人应具备合法的主体资格，具备履行合同的能力。

此外，部分由地方政府设立的项目投资主体容易涉及隐性债务问题，需要根据项目特征进行甄别，以下列举了对几项主要的基建项目的甄别内容：

（1）交通运输。经营性高速公路、机场：自主定价，收入覆盖本息，投资方有社会资本，不属于隐性债务。政府收费还贷高速公路、轨交、公交：不能自主定价，收入先入财政，依赖政府补贴，补贴部分为隐性债务（以补贴为还款来源的为隐性债务，仅补贴则不是隐性债务），不交财政的收入部分为关注类债务，如广告收入。

（2）市政建设。公共绿地、市政管廊、公共广场：无收入来源，所有权归政府的公益性项目，属于隐性债务。供水、供电、供热、供气：有收入但政府定价，需要财政补贴的准公益性项目，补贴部分为隐性债务（以补贴为还款来源的为隐性债务，仅补贴则不是隐性债务），不交财政的收入部分为关注类债务。

（3）棚改、保障房、廉租房建设。棚改、廉租房、保障房建设收入不能覆盖支出，政府提供补贴或回购的，应认定为隐性债务。有配套商业项目，且资金可自平衡的，不属于隐性债务。保障房、经适房出售给拆迁户，以市场价格为准定价，购买人为拆迁户个人不是政府，虽然拆迁款来源于政府，也不应认定为隐性债务。

3. 租赁物选择

没有合格的租赁物，就不能建立融资租赁法律关系。租赁物的合规性、价值认定、所有权确认与转移非常关键，另外，因租赁物的风险缓释能力始终处于动态变化中，处置的时间及处置价格都存在不确定性。因此在设计融资方案时，要把租赁物的处置风险尽量控制在前端，对租赁物的选择，要采取合法合规、审慎选择的原则。

根据《金融租赁公司管理办法》规定，“适用于融资租赁交易的租赁物为固定资产”。固定资产是指企业为生产产品、提供劳务、出租或者经营管理而持有的，使用时间超过 12 个月的，价值达到一定标准的非货币性资产，包括房屋、建筑物、机器、机械、运输工具以及其他与生产经营活动有关的设备、器具、工具等。

租赁公司应根据固定资产定义的范围制定租赁物的适租范围。支持动产作为租赁物，审慎选择不动产作为租赁物，非固定资产、国家专有财产、公益资产、与不动产混同丧失动产性质的设备、存在抵押等权利瑕疵的财产及其他国家禁止转让的财产不能作为租赁物。

合格租赁物原则上应具备以下特征：权属清晰，且所有权、使用权和收益权能够分离，出租人必须拥有租赁物的处分权；真实存在且具备实物形态或以实物为载体；能够独立营运或使用，且能为租赁物使用人创造或新增收益与现金流；承租人主要依靠租赁物的营运与使用来创造或新增现金支付出租人租金；具有可计量的价值，且能够被有效公允确认；便于管理，且其余值能够通过处置得到补偿。

以承租人自有不动产作为租赁物的，应确认不动产租赁物件已经竣工并通过竣工验收，且取得相应的证明文件。

如租赁物件曾作为其他融资租赁合同的标的物，应取得融资租赁出租人的所有权转让证明文件，在无法取得所有权转让证明文件的情况下，应取得可以证明全部履行完毕的证明文件及租赁合同（复印件并加盖承租人公章）或其他有效证明文件。

如租赁物件系承租人从承租人的关联方（关联方包括承租人的股东或实际控制人、承租人的股东或实际控制人控制的其他实体、承租人的子公司、承租人控制的其他实体、承租人的股东或实际控制人的家庭成员）取得，应取得承租人与承租人的关联方之间的购买合同、发票、付款凭证，涉及资产划拨的应取得划拨文件。

直租项下，租赁物价值的确认主要通过租赁物的购买价确定，租赁物的选择由承租人负责，采购前出租人应核实采购价格的合理性。售后回租项下，租赁物的价值主要通过账面净值或评估价值确定。

4. 业务额度

业务额度指在综合评价承租人经营情况、项目偿债能力、租赁物价值及风险缓释条件等基础上核定的出租人能够承受的给予承租人的信用风险限额。业务额度主要取决于以下因素：项目未来现金流、租赁物价值及风险缓释条件对债务的覆盖能力等。业务额度可根据承租人情况进行调整。

5. 期限设计

项目租赁方案的期限一般采用宽限期+租赁期的形式，并按租期分别收取租赁利息和本息。租赁期限原则上根据项目未来产生的还款现金流和出租人与承租人商谈的结果确定。宽限期为出租人仅收取租赁利息的期限，期限长度与承租人工程进度匹配，但不超过国家规定的项目建设期。回租项目原则上不设置宽限期，但回租资金用于建设项目的除外。租赁期为出租人收取租赁本息的期限，从正式起租后起算。

6. 还款方式

租金收取一般采取等额本金法、等额年金法以及不规则还款等方式，具体收取可采用先付或后付的形式，但还款方式应与承租人现金流相匹配。还款日一般应错开银行还款日等固定还款日期，一方面是避免承租人固定时点付款压力过重，另一方面也是帮助承租人提前做好资金安排。

融资租赁中一定要规定加速支付条款（丧失期限利益条款），即承租人一期不履行支付租金的义务，出租人可以视同或宣布合同未到期租金全部到期，要求承租人一次性支付全部未到期的租金。此条款能避免承租人在解除合同后只承担解除合同以前的租金和违约金，而对解除合同后未到期的租金拒绝支付或被法院判决不予支付。

租金回收不仅要考虑哪种支付方式租金总额最高，还要考虑回收风险。

（1）从总体收益判断：融资租赁收益最大的为后付等额年金法下的方案，其次为后付等额本金法、先付等额年金法和先付等额本金法，先付等额本金方案的总收益额最小。

（2）从本金回收速度判断：后付等额本金法对融资租赁租金中的本金收回速度大于其他方案，在前两年中后付等额本金法下剩余本金的数额相对于其他方案呈加速递减，在最后一年递减速度虽然有所放缓，但剩余本金的数量始终小于其他方案。其中，三个方案对本金的收回速度由快到慢的顺序为：后付等额本金法、先付等额年金法、后付等额年金法。

（3）从市场占有和销售增长判断：既为承租人考虑，又为出租人的利益考虑，后付等额年金法更优，后付等额本金法较优，先付等额年金法较差。

7. 提前还款设置

融资租赁合同具有不可解约性，其解除与一般合同解除相比应当有着更为严格的条件。但实践中，存在承租人提出提前还款需求的情况，因此可在融资租赁合同中约定提前还款或提前结付租金的条款，对于手续费（租赁服务费）、保证金等的处理应在合同中明确规定。

出租人应当在承租人提出提前清偿融资租赁全部债务或部分债务时，注意担保权利的延续，同时也可在清偿协议中约定该协议未能实际履行而仍然适用原租赁合同，以保证原合同的风险防控体系继续发挥作用。

8. 增信措施安排

增信措施是租赁方案设计中的重要一环，起到风险缓释作用，一般包括资产抵质押、股权/收费权质押、差额补足承诺、保证担保、回购担保等。

连带责任保证担保的担保主体及担保行为应具备合规性，担保人应具备担保能力。涉及抵质押的，应对抵质押物的价值、权属、抵质押的合规性及抵质押物的变现能力进行调查，实地查验抵质押物的产权凭证。

［案例　火电设备直租项目融资方案设计］

本项目为某金融租赁公司与某能源投资企业开展的业务，因该企业新建火力发电子公司为租赁物所有人，主体新设且资质较弱，故采取与另一较强关联公司联合承租的方案，采取直租的交易模式，权属更为清晰。项目租赁物为新购火力发电机组，为企业的核心生产设备，价值较高，供应商为某央企直属工程公司（EPC 总包方），租赁物所购买保险变更受益人为金融租赁公司。

项目融资额约 12 亿元，视前期投产运营情况分次投放，分散风险。租赁期限充分考虑火电项目投资大、回收期长的特点，期限设计为六年，其中两年为宽限期，四年为还租期。还款方式按宽限期+正常还租期区分，前两年宽限期按季不等额租金计算，后付；后四年正常还租期按季等额本息计算，后付。

增信措施方面，根据项目金额高、期限长的特点，尽可能争取更多的增信措施：由资质较强的股东提供的保证担保，承租人实控人提供的个人连带责任担保，承租人电费收费权质押，采矿权质押，联合承租人全部股权质押，租赁物及在建工程抵押。此外，本项目由电厂建设 EPC 总包方某大型国有建筑企业提供租金差额补足支持，保障了租金偿还的稳定性。账户监管方面，对承租人电费收入账户进行全程封闭式账户监管，出租人持有电费收入账户操作、审核秘钥，并预留指定人员印鉴；电费收入账户持续保持一定数量资金不动，其他每次电费收入全部转至承租人民生银行账户，出租人持有该账户操作、审核秘钥；出租人将承租人相当于下期租金的一定比例的每次电费收入作为保证金预存入租赁公司的账户，待租金支付日，当期租金已全部预收完毕，可有效保证公司债权。

本项目在方案设计上，充分考虑了项目的特点和弱点，尤其是针对项目总体融资租赁金额较大、承租人资信能力较弱、项目资金来源与还款期限匹配度不高、账户资金监管难度较大等问题都做了特殊设计，在尽可能满足客户需求的同时采取了一系列的增信措施，做到风险可控以及收益率匹配。

第七章　尽调与论证

第一节　尽职调查

项目尽职调查，是指租赁公司指派人员针对承租人、租赁物、增信主体（主要是指担保人）等，通过现场及非现场的方式，进行尽心尽责的深入考察了解，经准确的归纳整理、客观的分析研究，充分评价项目优劣势、揭示项目潜在风险点的一项重要工作。对承租人尽职调查部分主要从股权、公司治理、信用状况、关联方、财务分析、主营业务、优劣势、负面舆情、重大事项等角度，全方位调查承租人的履约能力；对租赁物尽职调查部分主要分析租赁物的基本情况，对其权属、购置价格、技术指标、通用性及先进性、用途等进行翔实的调查；对增信主体尽职调查部分主要是对保证人、质押物对应债务人及保证人的担保履约能力进行全方位调查，并从综合实力、股权架构、法人治理、信用履约情况、关联方及关联交易、财务分析、主营业务、优劣势、负面舆情、重大事项等方面进行全面分析评价。

本书从项目租赁尽调报告入手，重点介绍融资主体尽职调查、租赁物尽职调查、增信主体尽职调查三个方面。

1. 融资主体尽职调查

通过调查搜集、甄别融资主体的基本信息，包括但不限于：

（1）背景调查。

承租人主体及实控人的背景调查，实际控制人及承租人主体价值观，承租人主体是否存在被诉、被执行信息，市场负面新闻等；承租人主体市场地位、评级情况等；承租人主体及其集团公司业务布局；同类或成功项目的经验，所拥有的其他项目或经营性业务、产业。用以判断承租人主体及其股东的综合实力，便于增信担保措施的设置。

（2）需求调查。

明确承租人主体寻求项目租赁融资的原因，是否找寻过其他银行、信托等金融机构，被拒绝提供融资的真实原因；如果是收并购项目需要融资，且已有前手介入过该项目，现资金方想从前一受让方收购该项目的，需核实前一受让方退出该项目的原因。

（3）财务调查。

资产负债率（一般可接受资产负债率不超过70%或80%）。

2. 租赁物尽职调查

（1）租赁物简介。

描述标的物类型、名称、数量及购置时间，是否有核心设备及占比等。

（2）租赁物价值。

包括初始购买价格、折旧年限（成新度）、固定资产台账净值、评估价值、凭证与保险情况，分析并阐述购买价款是否合理、凭证资料是否齐全、发票真伪检验结果、是否已投保（险种、期限、保额受益人等）等。

（3）租赁物使用情况。

包括租赁物的存放使用地点、有无维修技改、运行是否正常、租赁存续期内的维保或更新计划等情况。

（4）租赁物变现能力。

租赁物属于通用设备或专用设备，租赁物的处置难易程度、可能处置价格、处置渠道等。

（5）租赁物管理风险。

对租赁标的物的后期管理难易程度、损毁灭失可能性、后期管理方案措施等进行调查。

3. 增信主体尽职调查

（1）基本情况。

所属行业、主营业务、历史沿革、核心竞争力、治理结构分析、实际控制人及管理层人员情况。

（2）财务分析。

资产负债表、利润表、现金流量表、重点科目分析、核心财务指标。

（3）融资情况。

是否有银行借款、融资租赁、其他债务融资情形，调查具体的融资金额、到期时间、偿还情况等。

（4）对外担保情况。

增信主体最新对外担保及代偿情况、资产及权利抵质押情况。

（5）信用状况。

执行信息查询、诉讼查询等。

［**案例　风电项目的尽调与论证**］

项目是某金融租赁公司与某新能源发展有限公司以风力发电机组等设备及安装为租赁物进行的租赁交易；交易模式为售后回租，融资额为15亿元，租赁期限为10年，风险缓释措施包括个人连带责任担保、股权质押、收费权质押。

先对项目可行性进行分析。根据承租人实际发电及经营情况，测算租赁期内承租人租金覆盖情况。该项目融资金额为15亿元，租期为10年，经测算，承租人第一还款来源较稳定。

承租人所属行业及政策情况分析：根据承租人的装机容量及当地风力条件，满发4750万千瓦/月，但实际运行中，由于电网消纳滞后原因，承租人暂时无法达到满发状态。

从市场供需角度来看，所在地区新能源装机增长过快，社会用电需求增长放缓，2016年所在省全社会用电最大负荷为1339.1万千瓦，新能源装机1957.4万千瓦，相对过剩。从并网运行角度来看，新能源发电受限原因主要包括三个方面：新能源分布较为集中，电网调峰能力不足；外送通道建设与电源建设不匹配，电网送出能力有限；电网存在薄弱环节，部分区域受网架约束影响消纳等。承租人运营的风电场主要满足省内的市场，富余电量会送往华中、华北、华南等地区。

针对所在地区的弃风限电问题：

①国家在2016年出台的《关于做好风电、光伏发电全额保障性收购管理工作的通知》中核定了全国各地区风电最低收购保障小时数，其中本项目为

1800 小时，折合每月发电量约为 4500 万千瓦时。

②“酒—湖”±800 千伏特高压已于 2017 年 6 月底建成投运，是我国第一条清洁能源送出工程，是国家“西电东送”战略重点电网工程，年输送能力 400 亿千瓦，其中新能源不低于 40%（160 亿千瓦/年），会逐步解决当地部分消纳问题。

③2017 年初国家能源局下发的《关于 2017 年度电投资监测预警结果的通知》中明确规定甘肃等严重限电地区不再受理并网申请。因此甘肃地区的装机并网容量将得到控制，且文中也要求加快落实保障小时数的收购工作，由此可以极大程度地解决本项目的限电问题。同时从国网甘肃省电力公司了解到全省社会用电量 2017 年第一季度同比增长 8%。另外煤电上网电价的下调也减缓了火电的装机从而对风电存量消纳起到了促进作用。

综上利好因素，预计本项目 2018 年月均发电量可以达到 3500 万度，2019 年月均发电量可以达到 4000 万度，到 2020 年限电问题基本全部解决，限电约 5%，月均发电量可以达到约 4500 万度。

上网电价：经政府价格主管部门批准或按照政府价格主管部门的规定，风电场的上网电价为 580 元/兆瓦时。其中，购电人结算电价即经政府价格主管部门批准或确认的当地脱硫脱硝除尘燃煤机组标杆上网电价为 297.8 元/兆瓦时，可再生能源补贴为 282.2 元/兆瓦时。

国补情况分析：《关于组织申报第七批可再生能源电价附加补助项目的通知》（财办建〔2017〕17 号）指出，在 2016 年 3 月前并网，并且没有进入前六批可再生能源电价附加资金补助目录的项目，可提供核准、电价批复文件进行第七批可再生能源电价附加补助的申请。由于本项目于 2015 年 11 月并网发电以及没有进入前六批补贴目录且核准、电价批复文件齐全，所以符合进入国家第七批可再生能源电价附加补助目录的标准。本项目已对第七批可再生能源补贴名录进行了申报，已通过初审，目前等待复审，预计 2017 年底到 2018 年初复审完毕。

竞争优势及主要竞争对手分析：项目已建成并并网发电，属成熟项目；项目装机容量 30 万千瓦，属省区域风电前列，具有规模优势；售后服务由大股东负责，交第三方运维，具有技术优势。

信用风险分析：根据承租人的现在及未来现金流测算，其收入可以覆盖项目租金。本项目承包商属于央企，是新中国最早的以经营机电产品进出口贸易和国际工程承包业务为主的大型国有外贸公司，自成立至今累计完成经营总额逾千亿美元。2004年以来，该承包商连续进入全球最大225家国际承包商行列，总体看具备较强的担保能力。

余值风险分析：租赁物是新的风机设备，折旧期为20年，本项目租赁期为10年，项目余值风险较小。

项目合规性分析：风电属国家发改委及金融监管部门鼓励类行业；项目建设、运营均经过权威部门审批，手续齐备，且建设规模在审批额度之内，同时，项目已被列入国家第七批新能源补贴名录，享受国家补贴政策；承租人在项目建设之前，经过客观、严格的可研论证，项目具有较好的成长性和发展前景，有较好的投资回报。

通过以上分析，本项目可行性较强。下一步主要从以下几方面对承租人进行全面尽职调查：

项目组及法审风控部项目审查人员首先对承租人及实际控制人的背景进行了严格的调查，未发现承租人及实际控制人当时有重大不良信息。承租人融资原用途是偿付总包方工程款及股东借款，其他金融机构拒绝的原因是中机公司未提供担保。承租人在省内风电市场装机规模排第11位，民企中排第三位，具备较高的行业地位。承租人资产负债率80.35%，符合风电行业高负债特点。综上分析，本项目承租人在风电行业排名靠前，优势突出，具备一定履约能力。

其次围绕租赁物开展尽职调查。本项目的租赁物是风电发电设备，设备指标均符合国家标准，与同业相比，技术处于中等偏上水平。设备折旧期为20年，寿命为30年以上，租赁物价值依据设备供货总承包合同所述价格确定。租赁物的设备供应商是某大型进出口公司，承租人为风电设备及风电基地工程、升压站、集电线路购买了财产一切险，并依照出租人要求按租赁本金的1.1倍确定保额。

基于以上租赁物基本情况，可得出以下结论：

依据设备供货总承包合同及发票确定租赁物所有权在签订租赁合同前归属承租人；租赁物能够独立地发挥作用促进承租人直接产生现金流，属流通性较强的设备，易于变现；租赁物为完整、独立、长期定点作业的固定设备，易于控制、取回。

最后对增信主体开展全面尽职调查。本项目的核心增信主体是国有重要通用技术骨干企业的全资子公司。基于担保人的财务数据，对科目明细及重大变动科目变动原因进行调查分析：

截至 2016 年底，担保人资产总额为 68.46 亿元，较 2015 年减少了 20.89%，主要是由于货币资金、应收账款、其他应收款和可供出售金融资产减少了 17.90%、11.15%、28.72%和 70.75%所致。2016 年末，担保人货币资金为 22.99 亿元，流动资产为 60.16 亿元，分别占总资产的 33.57%和 87.88%，表明担保人的资产流动性较好。

截至 2016 年末，担保人负债总额为 42.68 亿元，较 2015 年底减少 26.61%，主要是由于应付票据和预收款项分别减少 99.70%和 19.63%所致。其中流动负债为 42.07 亿元，占总负债及所有者权益的比例为 61.45%。截至 2016 年末，担保人所有者权益为 25.79 亿元。2014—2016 年，担保人的流动比率和速动比率一直处于行业平均水平，且 2016 年比起 2014 年、2015 年有所提高；担保人的资产负债率近三年均在 60%以上，2016 年末为 62.33%，比 2014 年、2015 年有所下降；担保人净资产收益率近三年持续增长，2016 年达到 26.57%。整体来看，担保人偿债能力良好。

根据对保证人融资情况的调查，保证人在其他金融机构授信总额约为 49 亿元，已使用额度约 3 亿元，担保人对外担保与代偿余额约为 0.8 亿元，综上分析，担保人资产规模大、经营情况稳定，盈利能力强，具备一定履约能力，担保能力较强。

通过以上各方面详细的租前调查，可得出结论：本项目符合公司发展定位，风险可控，可继续推进。

第二节　可行性分析

可行性分析是通过对承租人还款能力、项目风险可控性和政策监管条件，如承租人综合实力、还款来源、资金保障、项目潜在风险、可用防范措施、监管合规、产业政策等，从多方面进行调查研究和分析比较，并对项目投放以后可取得的收益及可能面对的风险进行预测，从而提出该租赁项目是否值得投放和如何进行投放的意见，为项目审批决策提供依据的一种综合性的系统分析方法。

之所以要做可行性分析，主要原因在于：一是项目租赁本身比较复杂，存在诸多方面的不确定性，如果不在项目投放前做足论证工作，将给后续项目操作带来许多隐患；二是项目租金的历史现金流数据极为有限，更多依靠项目综合要素来进行现金流预测，而未来项目现金流能否覆盖租金将直接决定项目偿付风险，通过现金流预测还能有针对性地设计、调整租金偿付方案；三是项目租赁不同于常规设备租赁项目，在租赁物、关联方认定、项目前景等方面均存在一定的监管和行业认知盲区，经过可行性分析能有效减少合规、政策风险。

本节从项目租赁可行性分析入手，重点对项目还款能力、项目风险（即行业风险、政策风险、信用风险、余值风险等）、项目合规性［即是否符合监管政策、国家及行业相关政策（环保、安全、质量等）］三方面进行分析。

1. 项目还款能力分析

项目还款能力分析即对于交易对手（承租人或担保人）所属项目现金流测算、项目投资回收期、静态收益率、动态收益率等项目本身经营情况及租金覆盖情况的分析。具体要求：①客观说明承租人生产经营情况，了解其核心竞争力及优劣势。②根据财务数据客观分析承租人偿债能力、营运能力、盈利能力和发展能力。通过对承租人生产经营情况及财务状况的分析了解其还款能力。③对租赁项目的还款来源有具体说明，根据基础数据、相关假设、还款现金流测算来分析其还款能力。

2. 项目风险分析

行业及政策风险分析即调查项目所属行业基本情况，进行目标市场供需预测、产品市场定位、市场份额和价格分析，确认项目市场竞争优势及环境变化。说明承租人所处的行业情况，重点关注行业进入障碍和行业内竞争程度、行业的市场容量、行业所处的成长阶段和发展方向。关注在建设期或经营期内，如果所处的经济环境和经济条件发生变化，对实际的经济效益的影响。

信用风险分析即对承租人及担保人资信状况进行确认，包括对财务状况、技术可行性、偿债能力、涉诉情况等的分析调查。

余值风险分析是指测算当出租人通过租金所收回的价值不足租赁物在起始时的原值的情况下的差值。

3. 项目合规性分析

合规性风险分析是指判断项目是否符合监管政策、国家及行业相关政策（环保、安全、质量等）。

具体合规要点：①首先关注项目的行业准入情况是否合乎租赁公司监督管理的规定。②对于租赁物所处的项目，重点关注了解项目的合规性，项目须经过有权部门的批复，相关手续齐全，不得超规模建设或融资。特别注意环评类文件要有验收结论的批复文件。③项目需符合相关产业政策要求，具有较好的成长性和发展前景，有较好的投资回报，承租人在项目投资时经过客观、科学严谨的前期调查，并具有产品、市场、技术等方面优势，而不是盲目投资。

第三节　评估论证

项目经立项批准后，需根据承租人的租赁项目申请，开展项目评估论证，启动商务洽谈及业务调查相关工作。主要包括对承租企业审核、对项目调查分析，前者指承租企业是否具有相应资质，财务状况是否良好，所上项目是否符合法律法规和行业政策。后者是对项目财务状况和项目风险的综合评估论证。论证阶段可分为审前会、专题会和专业审查。

1. 审前会

对首次合作的承租人、拟开展的新业务类型及交易结构复杂的项目，通过召开审前会，对项目的合法合规性、可行性、交易结构、报价、增信方案及主要商务条件等进行审定，对项目是否继续推进做出决定，为后续尽职调查、审查等工作明确方向。

根据项目准备情况，及时申请并按要求提交项目资料，初审通过后提交审前会。经审前会评估，对较大风险、不具备推进条件的项目，做出暂停或终止的决定；对存在疑问较多、可研分析不足的项目，要召开专题会进行再论证，依据论证结果做出推进、暂停或终止决定。

［**案例　汽车生产线回租项目审前会**］

本项目承租人因需进行汽车生产线升级改造，决定以汽车生产线为租赁物通过融资租赁方式解决资金问题。鉴于本项目为出租人与存量客户新开展的交易结构较复杂的项目，经立项审批通过后，根据出租方业务人员与承租人所进行的商务洽谈及业务调查相关工作的结果，进入项目评估论证阶段。

此阶段通过召开审前会，从承租人、租赁物、风险缓释措施三个维度对本项目的合法合规性、可行性、项目风险等要素进行评估。首先承租人为国内知名大型制造企业及其汽车制造领域子公司，具备合法的主体资格。通过对承租人财务数据、信用状况、其他金融机构融资情况等的调查分析，判断承租人具备履行合同的能力；其次租赁物为汽车生产线，属于有完整使用功能、可独立运营且独立产生现金流的固定资产，价值、权属及合规性清晰，符合监管要求；再次本项目采取承租人下属资产管理子公司连带责任担保、账户监管等措施，可对降低项目风险起到一定的作用；最后本项目租金还款来源稳定，根据对承租人自由现金流的测算，初步判定可覆盖本项目租金。最终，本项目经审前会评估可继续推进。

鉴于本项目主要涉及承租人汽车生产线升级改造项目，因此在后续尽调时要求深入了解本项目所涉汽车生产线升级改造项目的真实性以及项目进度、资金到位等具体情况，此外还需核实承租人经营及融资情况、项目租金覆盖测算、租赁物是否足值合规、风险缓释措施落实是否有效到位等问题。

2. 专题会

针对拟开展的交易结构复杂项目、新业务模式或新行业项目，通过研究分析目标市场情况、关键风险点、收益条件等项目要素，组织内外部门专家和相关部门专业骨干认真研讨，初步拟定业务准入标准、业务模式、收益率和增信措施等方案，完善项目推进条件，优化风险防范措施，为业务推进提供指导和帮助。针对行业、区域及承租人市场情况及国家产业政策、监管政策等外部政策环境等出现的重大变化或项目推进过程中出现的重大问题，进行全面和专题讨论。

[案例　LNG融资租赁项目专题会]

本项目承租人因需进行LNG项目建设，决定以天然气设备及设施通过融资租赁方式解决资金问题。本项目经立项审批通过后，出租人考虑到该项目为己方第一个涉及LNG建设领域的项目，公司对液化天然气市场了解不深且项目交易结构复杂，涉及项目关联方较多，经出租人评估需召开专题会对液化天然气行业目标市场情况、关键风险点、国家对该领域的政策支持、项目手续的完整及合规性等重大问题进行讨论研究。

在听取了出租人业务人员对承租人拟开展的LNG建设项目的可行性研究报告及本次融资业务方案的汇报后，出租人对项目方案、项目风险点、液化天然气行业、所涉区域与承租人未来的竞争市场情况及国家产业政策、监管政策等外部政策环境等要素进行了评估。首先，项目符合国家能源产业发展趋势，属于国家鼓励发展的行业，且该行业市场前景广阔，具有较高成长性；其次，本项目所涉LNG建设项目合规性审批文件齐全，项目合法合规；再次，承租人为国内大型能源企业及其下属LNG项目运营公司，具备合法的主体资格，通过对其股东构成、经营情况及信用状况的分析，认为承租人风险基本可控；最后，本项目担保人为承租人母公司，为大型国有制造企业，资产规模较大，经营多元化，盈利能力及信用情况良好，担保能力较强。最终，专题会认为本项目方案合理，风险缓释措施较完善，风险相对可控。

此外专题会要求，鉴于液化天然气行业不是出租人熟悉的行业，因此对本次业务涉及的LNG建设项目应审慎分析其经济效益，调查核实项目运营公司的筹建经过、注册资本金的到位情况以及所有股东情况，核实所有设备具体情况，包括但不限于设备名称、型号、经销商、制造商等。另外会议要求本项目租赁物所涉设施部分，须随着项目建设进度在满足合规条件下才可作为租赁物与承租人继续开展租赁业务，务必确保本次融资业务合法合规，符合监管要求。

3. 专业审查

为加强对风险等级评定结果、客户投放额度、租赁业务方案、租赁业务合同管理及租赁业务定价等租赁业务关键节点进行管理，可设立营销业务管理领导小组、项目风险等级评定领导小组、租赁业务客户额度管理领导小组、合同管理领导小组、定价管理领导小组等非编常设机构。

（1）营销业务管理领导小组：负责审定租赁业务立项，在评审会前对租赁项目的审前会条件落实情况进行审定，并在审前会后对业务推进过程中遇到的问题组织协调解决。

（2）项目风险等级评定领导小组：负责对租赁项目风险等级评定等事项进行审定。

（3）租赁业务客户额度管理领导小组：全面负责公司业务投放额度调查、审核及审议等工作的组织管理，并负责客户投放额度管理相关业务流程的制定和监督执行等工作。

（4）合同管理领导小组：负责组织评估、审查合同管理办法和合同模板，统筹协调相关部门推进合同管理工作，组织审查重大复杂的业务合同，组织审核合同终止方案及合同纠纷解决方案，组织检查合同管理情况等相关工作。

（5）定价管理领导小组：负责对公司租赁资产再融资能力进行分类，公布公司综合融资成本，对租赁业务报价进行审核确认以及审定特殊定价等相关定价管理工作。

第八章　审查与决策审批

第一节　项目审查

项目方案通过公司评审前各项会议（以下简称审前会）审议并同意推进，经业务部门申请，经营销分管领导审批后提请风险审查部门进行风险审查。对于业务部门已完成尽职调查，经风险审查部门评估认为需要进行现场核验的报审项目，由风险审查部门安排现场核验工作，风险审查部门单独出具风险审查报告并经风险审查部门分管负责人审定同意后将项目提交评审会审议。项目审查主要从以下两方面进行：

1. 资料审查

（1）内部资料。

①审前会议纪要及落实情况；

②尽职调查报告信息披露全面，按模板规范撰写；

③项目风险审查申请已经分管营销的公司领导审批同意；

④项目风险评级经审查人复核；

⑤项目定价经公司定价管理机构审核；

⑥客户历史合作及履约情况经资产管理部门审核；

⑦项目监管指标情况经财务部门审核；

⑧如涉及集团客户，应提供集团客户授信审批资料；

⑨其他必要事项。

（2）项目资料。

对以下列示资料进行审查，判断是否符合要求：对项目资料的完整性进行审查，所提供的资料是否足以对授信项目做出评判；对项目资料的真实性进行审查，通过分析、查询等方式进行核实；对资料的有效性进行审查，核实资料是否为有权机构和人员出具，是否最新且在有效期内，是否符合企业内部管理相关规定。

①承租人资料；

②担保人资料；

③租赁物资料；

④押品资料；

⑤交易对手资料（如涉及）；

⑥基础资产或建设项目资料；

⑦其他必要资料。

2. 风险评价审查

通过资料分析、现场核查等方式，借助互联网、风险模型等技术，根据不同业务的特点，对客户租赁业务背景、主体风险、租赁物适格性、增信措施有效性、资金用途等进行分析评价，识别影响租赁业务安全的各类风险。

（1）交易方案。

①是否符合有关法律、法规、监管规定、行业及产业政策等相关要求；

②是否满足公司内部相关管控要求，是否符合公司行业、区域各维度的资产配置导向；

③交易方案合理性审查；

④关联交易评判，根据公司关联交易管理规定判断相关控制指标，并对关注事项进行说明。

（2）承租人。

①历史合作情况，是否应纳入集团客户管理。

②主体资格是否符合有关法律、法规、监管规定相关要求。

③主体资格是否满足公司内部相关管控要求。

④注册、工商登记核实；股权关系沿革，实际控制人分析；组织架构，内控管理情况；重要管理人员情况。

⑤企业经营情况，行业特点以及宏观经济环境、上下游产业分析、特许经营资质、主要竞争优势、重大在建项目情况等。

⑥评估企业财务报表，通过对财务报表质量、重要财务指标、财务表现

进行评价，反映企业财务和经营情况。

⑦企业信用情况。

⑧公开信息查询及重大事项披露。

⑨重要关联企业的披露。

（3）资金用途。

①项目的资金用途应明确且合理、合规，符合宏观政策，不得违规投向监管禁止领域；

②项目资金用于新建及改扩建项目的，对项目行政审批手续、资本金、资金来源、建成风险等进行分析。

（4）租赁物。

①租赁物适格性审查，严格依据法律、法规和监管指导意见开展；

②租赁物真实性审查；

③租赁物所有权审查，防止接受已设置抵押、已开展融资租赁、权属存在争议的财产或已被司法机关查封、扣押的财产或所有权存在瑕疵的财产作为租赁物；

④对租赁物价值认定依据审查，确保租赁物足值，不得低值高买；

⑤租赁物保险情况；

⑥租赁物对项目的风险缓释作用分析，关注租赁物价值对融资租赁债权的风险覆盖水平；

⑦对双回租业务应确保公司取得基础资产所有权，并取得底层承租人确认同意的书面文件；

⑧对于经营租赁项目，还应分析租赁物适租性、供应商及生产商资质、租赁物续租及处置风险。

（5）偿付能力。

①明确还款来源，进行合理预测分析。

②项目自偿性分析。对于经营租赁项目，进行全生命周期投资回报预测。

③承租人综合偿债能力分析。结合财务与非财务因素，综合分析承租人发展趋势，评估其综合偿债能力。

（6）增信措施。

①比照承租人对担保主体进行分析。

②增信措施的有效性审查：担保是否经过有效决议程序、抵质押合法性、

抵质押权利是否清晰并进行相关公示登记、账户监管措施是否能够对目标现金流进行实际管控等。

③抵质押的价值合理性和变现难度。

④基于实质重于形式原则，以有效保障债权资金回收为评判标准。

（7）反洗钱、反恐怖融资相关审查。

（8）其他合规风险、信用风险相关事项。

第二节　审批决策

1. 评审会审议

（1）项目评审会。

项目评审委员会（以下简称评审会）是公司常设机构，主要以评审会议的方式对报审项目进行审查审议，形成评审意见，供决策参考。评委名单由公司总经理办公会研究确定，可根据工作需要进行调整。根据公司评审需要，主任委员可提名非常任委员，报公司总经理办公会研究任命，进入项目评审委员会。

项目评审委员会设常务委员会（以下简称常委会），经项目评审委员会主任委员同意，以下项目可由常委会审议：

①对于公司股东及其控股子公司的业务，在一年以内与公司开展过同类型标准化业务，且在满足集中度、关联度等合规指标范围内新开展的同类型业务；

②对于非关联业务，在一年内与公司开展过同类型标准化业务，且信用和财务状况良好、无违约记录，在满足集中度、集团授信限额等指标范围内新开展的同类型业务；

③厂商租赁项目；

④其他经主任委员同意的项目。

（2）评审会审议流程。

①项目经理汇报项目基本情况，包括但不限于项目尽职调查情况、行业概况、交易结构、客户经营与财务指标、租赁物、增信措施以及项目风险识

别情况等；

②项目经理就立项讨论、论证评估等前期会议提出的落实条件，应在评审会会议上逐一予以答复；

③风险审查人员发表风险审查意见，包括但不限于评审资料提交情况、项目各项监管指标核实、前期会议要求条件的核实、项目主要优势和推进的理由、项目存在的主要问题、风险及实施建议、项目租后管理要求等；

④业务部门针对审查人员建议和意见进行说明；

⑤评委应有针对性和指向性地发表意见或提出问询，如果有增加或变更项目条件的，须现场提出；

⑥业务部门参会人员应就评委问询或要求明确回复，若现场难以确认的，由主任委员决定是否准予会后一个工作日内落实和反馈；

⑦答询结束后，根据主任委员提议，可以安排闭门讨论环节，业务部门和列席人员应退场回避；

⑧评委填写《评审委员表决单》，对项目发表明确意见并进行投票表决；

⑨评委投票表决后，由评审会秘书进行统计；

⑩主持人宣布表决结果。

2. 审批、通知、执行流程

项目评审会审议通过的项目形成《项目审批表》，由评审会秘书提交公司相关领导审批。需要上报风险与关联交易控制委员会或董事会审批的，按相关要求上报。审批通过后由评审会秘书以书面形式向业务部门传达《项目审批表》。

3. 评审变更

《项目评审结果通知书》未经允许不得随意变更。如需变更，业务部门应在完成前置审批手续（如涉及）后，发起项目评审变更流程。

业务部门提交《项目评审变更申请表》及相关评审材料，风险审查部门项目风险审查人员对项目变更类别进行初步评定，经风险审查部门负责人审核确认。各类评审变更的审批流程如下：

①对于一类变更，按原审批渠道重新申请项目评审流程。业务部门在原《尽职调查报告》的基础上增加《尽职调查报告（补充）》，或重新撰写《尽

职调查报告》，详细披露业务变更的背景、内容、项目执行现状、相比原批复的风险和收益变化情况、拟采取的应对措施等。对于需要重新开展现场尽职调查的，还应对补充尽调情况加以书面阐述。风险审查人员据此出具《风险审查报告（补充）》，就变更事项发表审查意见。

经评审会审议通过后，出具《项目评审结果变更通知书》，报相关领导审批后，完成项目评审变更流程。

②对于二类变更，风险审查人员根据业务部门《尽职调查报告（补充）》或其他申请材料，出具风险审查补充意见，经主任委员审阅同意后，出具《项目评审结果变更通知书》，完成项目评审变更流程。

③对于三类变更，业务部门提交《尽职调查报告（补充）》或其他申请材料，风险审查人员审核并经部门负责人确认后，出具《项目评审结果变更通知书》，完成项目评审变更流程。

第三节　合同与放款

1. 合同准备

（1）合同模板。

根据公司具体业务类型开发合同模板，通过制定合同模板，首先公司可最大限度确保合同文本已全面涵盖项目操作中可能涉及的相关事项，将大部分的条款固定下来，提高合同标准化程度，降低因合同约定不明或者未约定而出现纠纷；其次公司也可最大限度确保合同文本有利于保护公司的合法权利，降低法律风险；最后公司也可减少合同起草的工作量和错漏失误，提高项目操作效率。因此，开发合同模板无疑是开展租赁业务必须要完成的一项重要基础工作，并且必须持续不断地根据法律法规、监管政策的变化，以及项目操作中出现的问题进行补充、修订和完善。

（2）合同起草。

合同起草的工作通常由业务部门负责项目操作的员工（即项目经理）完成。合同起草通常在项目评审会前根据公司内部形成的初步决议（比如立项会纪要、审前会纪要、专题会纪要或者风险审查意见等，因各公司的流程设计不同而不同）与合同相对方（包括承租人、担保人等）初步沟通达成一致，合同起草完成后与合同相对方进行进一步沟通确认，并将最终沟通确认的主要意见提交评审会讨论评审。

一般来讲，合同起草的具体工作主要包括三个部分：第一，填写完成相关商务信息，包括合同主体信息、联系方式、租赁本金、租赁利率、手续费、保证金、租赁物等；第二，根据对方意见对合同模板中的条款进行修改；第三，根据项目具体情况做出补充约定，并起草相应的合同条款。

合同起草完成后，项目经理可就起草完成的合同文本与公司律师或者法务人员进行初步沟通，特别是针对补充约定的条款，可请律师或者法务人员帮忙修订完善，确保文字表述清楚、准确，并且符合法律规定。

（3）合同谈判。

合同谈判可以说是项目谈判结果的集中反映，也可以说是项目谈判最后一个且是最重要的一个环节，是整个项目操作过程中双方交锋最激烈的战场。一般来讲，合同谈判依然由项目经理负责，必要情况下，由法务人员、律师、财务人员以及其他部门相关人员协助。

实践中，合同谈判的表现形式和难易程度各不相同，可能针锋相对、僵持不下，也可能波澜不惊、顺利完成。究其原因，还在于合同谈判策略的运用。《孙子兵法》有云："不战而屈人之兵，善之善者也。"决定合同谈判成败的基础，在于双方的谈判地位。合同谈判要达到"不战而屈人之兵"的效果，就必须在谈判前取得优势地位。

具体来讲，站在融资租赁公司的立场，首先，必须做到"知己知彼"，即要了解合同相对方特别是承租人对于资金的渴求度是否强烈，是否还有其他的融资渠道，其他融资渠道的进展情况等；其次，必须要做到"人和"，即要选好沟通对接的关键人物，项目操作成败的结果对于合同相对方不同的部门、不同的人影响肯定是不一样的，在合同谈判前，项目经理需要做出分析预判并找到关键部门和关键人物，对其施加压力和影响；再次，必须做到"地利"，即要选好谈判的地点，应尽量争取要求对方到己方选择的地点，特别是己方办公地点进行谈判，以期在环境上给对方以压力，并且在长期拉锯、僵持不下时使己方的后勤补给、人员轮换更加便利；最后，己方人员要充分了解合同条款的内容、意义、前后的钩稽关系，行业操作惯例，以及相关法律法规，以期能以理服人、以智慧和经验取胜。

（4）合同审批。

根据项目评审委员会评审后出具的项目评审通知单修订完善合同文本，并通知合同相对方。如合同相对方不同意，则需再次向评审会汇报，并出具变更通知单。实践中，如未发生重大情况变化，项目评审委员会通常不会同意变更，因此，项目经理一定要与合同相对方在评审会前就合同条款进行充分沟通，避免出现项目过会而无法签约的情况。

项目经理根据项目评审通知单修订合同文本后，即可将合同文本提交法务人员或者律师进行审核，并按照公司流程提交公司领导审批。在审核和审批的过程中，如果审核人员和公司领导提出合理修改意见，则项目经理需根据相关意见进行修订，再次提交审核和审批。

2. 合同签订

合同完成审批后，即可进入签订环节。银保监会要求，金融机构签订合同应实行双人面签制度。据此，金融租赁公司必须制定合同面签制度，并严格执行。为加强风险管理，融资租赁公司可参照执行。

（1）签约人员和签约地点。

对于租赁公司参与面签的两位人员，通常其中一位为项目经理，另外一位为公司负责合同面签部门指派的员工，特别重大的项目，有的公司还会要求律师参加面签作为见证。参与面签人员如与合同相对方有利益关系，还需根据公司制度进行回避。面签前，面签人员应熟悉合同条款，了解加盖印章的种类和位置，与合同相对方约定好签约时间和地点，做好相应的准备工作。

对于签约地点，即对方加盖印章的地点，原则上应当在签约人办公地点签署合同，也可根据实际情况安排在银行、抵押办理地签署以提高工作效率，但不得在车站、机场、酒店、商场、餐厅等公共场所签署。如签约人有多个，具有控股关系的母子公司的签约可在母公司一并进行，但母公司的签约不可在子公司进行。

在新冠肺炎疫情影响下，租赁公司不可避免地要进行视频面签，以及时达成合约，推进项目落地。从法律和监管角度来看，视频面签符合相关规定，是合法合规的，但在操作中应确保签约要点都已完成，避免产生后续风险。

（2）面签规定动作。

面签合同时，面签人员应严格按照公司规定流程完成面签工作。一般来讲，主要包括以下几个方面：

首先是核对身份，面签人员需核对实际签署人员的身份证（如无身份证，可为护照或军官证）、公司营业执照、法定代表人证明书等信息，并取得核对无误的复印件；涉及个人连带担保、房产抵押等情况的，还应核对房产证、房屋所有权人身份证、共同所有权人身份证、结婚证、离婚证等证书原件是否与签约人相符；签约人应在身份材料上签字盖章，其中表明个人身份的材料由签约人本人签字，表明公司身份的材料由签约公司盖章。

其次是亲笔签字，合同原则上应由法定代表人亲笔签署或加盖法人印章，加盖法人印章需取得签约人的内部用印，如法定代表人不能亲笔签署或不能加盖法人印章，除持有经过公证的授权委托书或面签过的授权委托书的被授权人之外，严禁其他任何人代替签约人签字；合同相对方为自然人的，应签署真名、全名，签字处原则上应捺手印确认，且不得以个人印鉴代替亲笔签名；签约人签字必须字迹可认，字迹潦草无法辨认的，面签人员必须要求重新签署，如发现签名与签字人姓名明显不同等异常情况的，应重新签署。

最后是加盖印章，原则上签约人应使用公章签署；如有特殊情况无法加盖公章的，可以加盖合同专用章；单方文件如《租赁物接受确认书》《所有权转移证书》《付款通知书》《承诺函》等，必须加盖公章，公章必须清晰，不移位，建议盖章签字重合，先签字，后盖章；多页合同和文件需要同时加盖骑缝章，且应确保每页都有明显的印章印记，当事人为自然人的应在骑缝处签字。

对于面签过程，面签人员应当全程拍照、录像，包括面签地点的门牌号、科室号、厂区大门或者办公楼等，各合同的封面、签字页、实际签署人员的签约状态及其身份证等，并手持合同和身份证原件与实际签署人员合影。照片中的人物、合同、证件信息应清晰可辨识；录像应确保清晰、连贯、完整，可辨明面签人员、签约人的面部特征。

另外，对于拟签订的合同文本，原则上应由租赁公司自行打印。如由合同相对方打印，则在面签时，面签人员还需仔细核对合同内容是否与其审批通过的合同文本一致。如发现文本不一，应立即终止签约，并将情况上报公司。

3. 放款

合同签约完成，并完成租赁物移交后，公司相关责任部门按照项目评审通知单的内容进行逐项审核，确保放款的承租人已达到约定的条件后方予以放款，此环节需要严格控制操作风险。

［案例　能源化工售后回租项目——合同签订与履行］

项目标的：能源化工项目建设；承租人：大型能源化工公司；租赁物：承租人生产设备；交易模式：回租；融资额：5 亿元；租赁期限：3 年；风险缓释措施：母公司连带责任担保、应收账款质押、账户监管。

在合同准备阶段，先确认合同名称及类型。根据项目评审结果通知单要求，需要准备五份合同，分别为《融资租赁（回租）合同》《保证合同》《应收账款质押合同》《资金监管协议》《账户监管协议》。业务部门负责完成合同起草的工作。合同起草的具体工作主要包括三个部分：第一，填写完成相关商务信息，包括合同主体信息、联系方式、租赁本金、租赁利率、手续费、保证金、租赁物等；第二，根据项目评审结果通知单要求，填写特殊条款；第三，将起草完毕的合同反馈给律师，由律师进行审核修改后反馈给项目经理，直至符合评审结果通知单要求。

合同谈判环节：本项目中，项目经理首先通过邮件形式将合同发送给客户总协调人，再由该协调人发送合同给各主体公司进行合同审核，其间项目经理通过电话、邮件、即时通信软件等手段与合同相对方业务经理进行沟通。在谈判环节中，最困难的是银行账户监管协议的确定。因为本项目监管账户在中国银行股份有限公司乌鲁木齐市某支行开户，所以需要该支行配合签署银行账户监管协议。经了解，该支行没有符合出租人要求的协议模板，也未签署过同类型的监管协议。所以银行对于这种非本行格式化的合同是抵触的，需要项目经理向银行负责人详细解释出租人的需求及需要达到的效果。经多次沟通后银行同意了出租人的要求。

合同沟通完毕后，由项目经理将合同文本提交律师进行审核，并按照公司流程提交公司领导进行审批。

完成合同签订工作：参与本项目面签工作的共三人，为方便各合同相对方签约，面签地点选在担保人公司会议室，在核对完身份后由三家承租人法人或私章管理员进行集中签约，其间由项目经理负责拍照录像。

合同完成签订后最重要的工作就是合同履行，项目组会定期对项目进行租金提示及催收、项目租后检查及合同监督检查工作。

本项目共有七条租后落实事项，这些落实事项也是项目安全运行的有力保障。

(1) 整个租赁期内关注账户监管资金来源的持续性和金额足值，确保符合既定标准以满足对各期租金的保障（每月最后一个工作日由被监管账户公司提供监管账户流水）。

(2) 督促承租人在租赁财产续保时变更出租人为保险第一受益人，并将保单原件提供给出租人。

(3) 督促承租人按自然年向出租人更新销售前五大客户名单，并配合完成应收账款质押合同的重新签署。

(4) 关注承租人融资、经营、或有负债、舆情等可能对企业流动性、盈利能力、现金流产生重大影响的信息，如有异常及时向公司报告。

(5) 关注担保人的财务、经营、代偿、舆情等影响企业担保能力的重大信息，如有异常及时向公司报告，经公司研究决定，可追加其他有效增信或保全措施。

(6) 关注担保人上级公司整体经营情况，关注能源板块主要产品价格波动情况、未来产能释放情况及债务变动情况。发现异常，及时上报公司制定相关预案措施。

(7) 履行租金到期提示及逾期租金催收义务。

目前该项目运转正常，承租人配合度高，按期支付租金、提供项目租后资料（更新财务报表、银行流水等）、配合项目组成员进行租后回访。

第九章　租后管理

第一节　合同履行

合同签订后，面签人员应及时将合同原件登记存档，并将合同原件复印或者扫描，上传公司业务系统，或者传送至各相关部门，以履行合同义务。一般来讲，项目经理依然是出租人履行合同义务的第一责任人，需要协调公司各职能部门履行本公司义务，同时也需督促合同相对方履行其合同义务。

1. 主要合同义务

一般来讲，在项目租赁交易中，出租人的主要义务相对简单，主要包括四项：一是按时支付租赁本金的义务；二是按时开具租金发票的义务；三是根据合同约定及时调整租金的义务；四是在租赁期结束后，按照合同约定向承租人移交租赁物所有权的义务。

相对来讲，承租人的合同义务就比较多了，归纳起来主要有以下几个方面：

一是文件的交付。比如，租赁物原买卖合同、发票、付款凭证、公证书或其他权属证明文件等；租赁物评估报告或出租人认可的其他能够说明租赁物价值的文件；租赁物所投入项目的批准文件、承租人关于本合同项下交易的内部授权或批准文件等，以及《所有权转移证书（致出租人）》《租赁物接受确认书》《申请付款通知书》；等等。

二是办理登记的义务，主要包括租赁物所有权转移登记（如需要），不动产、动产以及权利的抵质押登记等。

三是购买保险的义务，需要按照合同约定购买租赁物保险，并将相应的保险凭证交由出租人保管。一般来讲，承租人应当在保险单或者批单中注明，出租人或者出租人指定的第三方为被保险人或第一受益人。保险单中不应有任何不合理限制出租人或者出租人指定第三方权益的条款。承租人应保证租赁物保险在租赁期限内一直有效，不得以任何理由中断或撤销保险。保险期限应不低于租赁期限，保险金额应不低于租金总额。

四是按时支付租金、手续费、保证金以及其他款项的义务，此项义务应当说是承租人最主要，也是最基本的合同义务，为保证承租人严格履行此项义务，租赁合同中通常都会约定较为严苛的违约责任。比如要求承租人支付逾期利息、要求租金加速到期、要求取回或者停止使用租赁物、要求担保人履行担保义务等。

五是租赁物保管、维修和保养的义务，租赁物是融资租赁项目操作的基础和核心，也是区别于其他融资方式的主要特点。承租人应按照租赁物的设计用途及正常的商业用途使用租赁物，确保租赁物正常的状态和效能，并承担由此发生的一切费用。承租人对租赁物进行日常维护、维修、大修和更换所形成的资产，自动作为租赁物的一部分归出租人所有。

六是接受监督检查的义务，承租人除应接受出租人对租赁物的检查外，还应接受出租人对其有关生产、经营和财务情况的监督检查。包括应出租人的要求提供财务报表、审计报告、重大合同等文件资料，在营业执照、安全生产许可证、排污证及其他与正常生产经营相关的证件发生变更或换发或年检或出具之后将相应复印件及时提供给出租人，并在其发生任何可能影响其偿债能力的情况时及时通知出租人，以便出租人及时采取行动维护自身的合法权益。

2. 合同变更

合同变更通常基于两种原因：一是根据合同约定可进行变更的事项；二是需要双方进行再次协商变更的事项。

前者主要包括：基于税率、利率的变化而进行租金调整，提前偿还租金而进行租期调整等。针对这些事项，通常无须租赁公司再次进行项目评审变更，可按照公司内部流程直接签订补充协议，或者以发送通知及回函的方式进行变更。

除此以外的事项变更，如租金支付方式变更、租赁物更换、担保方式变更等，一般而言，均需由项目评审会重新评估项目风险后，再签订补充协议进行变更。有的租赁公司基于充分授权和提高效率的原则，对事项变更做出了分类处理，比如仅涉及语言文字的变更可由法审风控部领导决定、仅涉及收益率提升的可由评委会主任决定等。不同公司的具体处理方式，可能千差万别，在此不再一一列举。

3. 合同终止

合同终止与合同变更类似，也可分为按约定终止和非正常终止。按约定终止可直接由相关部门根据合同约定和公司流程操作；而非正常终止，实际是对合同的一种重大变更，应首先由项目经理会同相关部门与合同相对方协商确定终止方案，并报项目评审委员会或者公司有权机构审批决定。

4. 合同纠纷处理

项目经理以及业务部作为合同履行的第一责任人，在合同出现纠纷时应及时与对方协商解决，并形成纠纷解决方案报公司审批，并与对方签订补充协议。如果纠纷无法通过协商解决，需要进入诉讼或者仲裁等司法程序，则一般应成立项目纠纷处理小组，由业务部领导或者公司领导牵头，并由法务人员或者律师专门负责处理诉讼和仲裁等法律事项。一方面可通过采取法律手段保护公司的合法权利；另一方面也可通过以诉促谈，争取更优的和解方案，圆满地解决纠纷。

第二节　资产监控

1. 监控目标

（1）租赁物管理。

租赁物管理包括租赁物价值管理、现场检查、定期报告、监控预警、处置等内容。

首先，以租赁物价值管理为核心，负责租后管理人员需密切关注租赁物市场价值及变化，定期出具租赁物价值评估报告，如租赁物价值评估复杂，可由认可的评估公司代为出具。

其次，租赁物现场检查原则上每半年进行一次，对租赁物的运营状态、所有权风险及市场价值变化做出分析、认定和评价。现场检查对租赁物的存在与否、是否与权属证书及相关合同记载相一致、是否办理了他项权利登记、是否投保以及保险到期后是否及时续保等事项进行核实。具体来看包括：

①不动产类租赁物现场检查。

现场检查租赁物权属证书（如房屋所有权证）项下的住宅楼宇、商业楼宇、经营性酒店、商场/铺、停车场/位、在建工程、工厂厂房、港口及码头所在的地上定着的房屋等不动产租赁物是否存在及其完好状况；

租赁物名称、楼宇栋数、楼层数、房间（套）数、面积、数量等是否与租赁物权属证书所载明的租赁物相一致；

赴县级以上人民政府规定部门（如国土资源和房屋管理局/财产所在地房地产登记机关）或其他法定租赁物登记部门核查租赁物及其占用范围内的土地使用权、所有权和他项权利登记办理情况，及租赁物权属证书是否由前述相关部门颁发。

②动产类租赁物现场检查。

交通运输工具类租赁物现场检查：租赁物权属证书（如船舶所有权登记证书、民用航空器登记证书、机动车登记证书等）项下的船舶、民用航空器、车辆等租赁物是否存在及其完好状况；其名称、数量、品牌、规格、型号等是否与租赁物权属证书所载明的租赁物相一致；赴运输工具登记部门（海事局/民航局/公安机关交通管理部门车辆管理所）/其他法定租赁物登记部门核查租赁物所有权和他项权利登记办理情况，及租赁物权属证书是否由前述相关部门颁发。

机器（械）设备类租赁物现场检查：租赁物是否存在；其名称、数量、品牌、规格、型号等是否与租赁物清单所载明的租赁物相一致；赴租赁物所在地工商行政管理部门/其他法定租赁物登记部门核查租赁物他项权利登记办理情况。

③租赁物保险情况现场检查。

核查租赁物是否足额（应为融资租赁金额的100%或依据审批条件要求）办妥以出租人为唯一/第一受益人的财产保险及其他险种；核查租赁物于租赁期限内是否脱保。

按照租后检查要求，结合市场情况以及现场检查、非现场检查情况，对租赁物风险进行综合分析，认真填写租后检查表，定期撰写风险分析报告。

需要对租赁物的运营状态和市场价值变化进行监控，在资产运营状态恶化或市场价值比上期下降较大时进行预警。

具体来看，租赁物现场检查过程中，若发现租赁物存在问题，应就检查情况及时相互通报，并提出采取增加租赁物、更换租赁物、出让/处分租赁物等相应措施。这些问题包括但不限于：租赁物损毁、缺失、不存在或用途发生变更；租赁物与权属证书所载明的不一致或权属证书虚假；租赁物存在非经同意的抵/质押；租赁物在财产保险方面存在瑕疵；租赁物被有关机关依法查封、扣押或监管；租赁物价值出现较大波动等影响或危及租赁物价值与安全。

最后，要制定租赁物处置流程，遵循“价格最优、速度最快、价值最大”的原则，以最优价格变现和最快速度处置获得收益。

（2）承租人情况。

通过收集整理分析承租人行业、财务及非财务信息，调查分析承租人在战略、管理、经营、投资、融资、信用等方面的变化情况，调查分析项目在建设运营过程中的参与主体、管理、融资等方面的变化情况。

检查基础资料包括但不限于：经最新年检或更新的营业执照、组织机构代码、税务登记证、贷款卡等企业基础证照；最近一期财务报表；经营财务情况说明，包括市场、产能、生产、销售及其构成等经营数据信息，以及财务指标异动及重要科目情况解释等；企业重大事项说明，包括公司章程修改、治理架构调整、重要人事变动、重大投资行为、重大突发事件（环保、监管、工商、司法等）等；人民银行系统查询结果、金融同业信息、网络相关信息、媒体相关报道、相关研究资料；等等。

（3）租金偿还情况。

主要核查、评价租金支付情况、风险敞口变化情况、审批条件落实情况、资金用途及账户监管情况。

2. 监控手段

（1）利用第三方工具进行风险跟踪预警。

充分利用 Wind、天眼查、预警通等第三方工具进行风险追踪，密切关注承租人、担保人经营情况，做好风险预警工作，对于出现舆情、信用等风险的客户，及时跟踪、汇报和处理，以备出现风险时能够抢占先机，优先处理。

（2）现场走访。

①约谈企业领导及业务相关方（包括承租人、担保单位，必要时应包括设备供应、设计、监理、施工等单位），了解近期企业重大事项、经营财务状况、租赁物（建造、运营、维护）等方面情况，留存录音资料或经参会人员签字的会谈纪要。

②对租赁物、抵押物、建设现场（直租项目或客户重大建设项目）进行走访踏勘，核查租赁物实物状况，并留存现场图片等影像资料。

③必要时，应到工商、税务、海关、金融同业等相关机构了解核查客户、租赁物以及担保等相关情况。

（3）账户查询。

融资租赁交易需要签署账户监管协议，由出租人、承租人、银行三方签署，便于出租人监管租金收取。按照合同约定，专项账户中的资金需保证用于偿还融资租赁合同项下的全部租赁本金及应付利息。

在租后管理阶段，出租人应关注账户监管资金来源的持续性和金额足值，确保符合既定标准以满足对各期租金的保障，及时发现问题，并进行预警。

第三节 现金流控制

1. 现金流控制体系

项目租赁的租金回收期长，在回收期间存在较大的风险，出租人需要通过建立现金流监管系统，及时报告现金结存情况，发现异常及时预警，防止风险扩大。

公司应以文件形式明确相关部门、岗位的职责权限，设置专人专岗负责现金流控制，防止出现失误。同时，也要注重分析与反馈控制。分析和反馈是主要的事后控制方式，对现金流进行分析，可以依据资金收支的相关信息，对主要数据进行分析、比较和进一步研究，从而掌握项目现金流量和财务状况，及时发现存在的深层次问题。

2. 经营收入监测

项目租赁以项目自身的收益为租金偿还来源，因此需重点监测项目经营收入，达到现金流控制的目的。项目初始，通过项目经营监控模型，预知既定的项目方案可以产生的利润，并推断出现金流情况，以此作为项目总控指标；项目经营监控过程中，当项目进展与既定方案产生偏差时，能及时预知项目经营收入变化，从而分析对项目现金流的影响，及时针对租赁方案做出优化和调整。

具体来说，对于项目租赁业务的收入监控，出租人应要求承租人指定专门的项目收入账户，并约定所有项目的资金收入均须进入此账户。该账户对外支付的条件和方式均须在合同中明确，以达到有效监控资金收支变化、提高资金保障性的效果。出租人应对项目收入账户进行监测，当账户资金流动出现异常时，应及时查明原因并采取相应措施。

3. 账户监管

建立应收租金专项资金监管账户，通过该监管账户密切跟踪应收租金的回笼情况。对账户监管的有效性进行评价，重点从资金流入源头是否持续、有效且不可变更，以及账户监管流入资金可支配率等方面进行定性、定量分析。账户监管需要由租赁公司、承租人或其他被监管方及银行共同签署账户监管协议，借助银行管理系统或预留印鉴、网银密钥等相关工具对监管账户进行控制，按照监管程度及方式的不同，一般可以分为以下几种模式：

（1）资金流出附条件监管。

在项目租赁的承租人未违反相关约定的情况下，不启动相关账户监管措施，不影响被监管方账户的正常使用；而承租人一旦触发违约条件，则启动对相关账户的监管措施。附条件监管根据业务需要，可分为以下三种：

①网银及柜台支付功能禁用。租赁公司有权单方禁止承租人使用监管账户网银及柜台支付功能，即如承租人违反相关约定，租赁公司通过单方向银行发送监管账户网银及柜台支付禁用指令，由银行将监管账户维护为只进不出。

②网银功能禁用及柜台支付预留印鉴。监管账户预留印鉴预留租赁公司专人名章，并由租赁公司保管和使用，如承租人违反相关约定，租赁公司单

方向银行发送监管账户网银支付禁用指令，监管账户资金只能通过柜台支付且须由租赁公司加盖预留印鉴审核同意。

③管理密钥控制。监管账户预留印鉴预留租赁公司专人名章，并由租赁公司保管和使用，租赁公司持有监管账户网银系统管理员密钥，如承租人违反相关约定，租赁公司可单方通过操作网银系统管理员密钥，撤销承租人所有网银支付操作密钥和支付审核密钥的对外支付权限，监管账户资金只能通过柜台支付且须由租赁公司加盖预留印鉴审核同意。

（2）资金流出还租前限制监管。

根据项目租赁的租金来源的时间节奏，分为以下两种：

①监管账户资金限时流出。每期租金计算起始日至每期租金支付日前约定的某工作日期间，承租人可自行支配账户内资金。每期租金支付日前约定的某工作日至每期租金支付日期间，租赁公司对监管账户实施封闭监管。

②监管账户资金还租前限制流出。当期租金计算起始日至当期租金还清日期间，租赁公司对监管账户实施封闭监管，当期租金还清日至当期期末日，允许承租人将监管账户剩余资金划出使用。

（3）资金流出全程监管。

在整个还租期间，监管账户资金的使用均须通过租赁公司审批或全部定向支付至租赁公司账户，从操作业务地理位置的便利性考虑，分为以下三种：

①监管账户关闭网银功能，开通柜台支付功能。监管账户预留印鉴预留租赁公司专人名章，每笔款项支付前均须由租赁公司加盖预留印鉴审核同意。

②监管账户开设网银查询、支付功能。监管账户预留印鉴预留租赁公司专人名章，由租赁公司持有监管账户网银审核密钥，租赁公司对每笔款项的支付进行审核。

③借助银行系统，监管账户实施定向支付，即无论通过柜台还是网银支付，每笔款项都只能定向支付至约定的租赁公司账户，修改定向支付功能须经租赁公司书面同意。

4. 资金监管

资金监管即对项目租赁投放款项的用途进行监测，提高资金使用效率，确保资金安全、有效地使用。一般通过签署资金监管协议，开立三方监管账户来实现。可以通过账户监管实现对监管资金的主动控制，还可以通过线下监管、变更或约定收款账户为租赁公司账户或监管账户以及派员监管等方式实现，具体如下：

（1）线下监管。

线下监管是通过租后管理的现场和非现场方式，监管承租人落实资金监管约定条款的情况，诸如承租人未来可确权的应收账款是否按约定进入监管账户；承租人的担保人是否具备对承租人归还租金提供垫付或差额补足的履约能力，相应资金是否按约定进入监管账户；等等。

（2）变更或约定收款账户为租赁公司账户或监管账户。

①对于承租人既有合同中约定的收款账户，可采取：a. 三方签署收款账户变更协议。租赁公司、承租人、承租人的债务人三方签署收款账户变更协议，约定将承租人与其债务人已签署协议中约定的收款账户直接变更为租赁公司账户，或变更为由租赁公司、承租人、银行三方共同签署协议约定的由承租人开立的监管账户。b. 承租人单方发送收款账户变更函并取得确认回函。租赁公司出具收款账户变更函，由承租人向其债务人发送，并取得承租人的债务人收款账户变更确认回函，将承租人与其债务人在已签署协议中约定的收款账户变更为租赁公司账户，或变更为由租赁公司、承租人、银行三方共同签署协议约定的由承租人开立的监管账户。

②对于承租人未来拟签署经营合同等收款账户，可采取：a. 收款账户约定为租赁公司账户。租赁公司与承租人签署委托收款协议，约定由租赁公司代承租人向其债务人收取相关款项，并将承租人与其债务人未来相关协议中的收款账户设为租赁公司账户，即由承租人的债务人将应付客户款项直接支付至租赁公司账户。b. 收款账户约定为监管账户。约定将承租人与其债务人未来相关协议中的收款账户设为由租赁公司、承租人、银行三方共同签署协议约定的由承租人开立的监管账户，即由承租人的债务人将应付账款直接支付至监管账户。

（3）派员监管。

派员监管是指租赁公司与承租人或被监管方签署协议约定，如承租人违反相关约定条款时，由租赁公司派驻相关人员到承租人或被监管方现场，接管监管账户的预留印鉴以及日常所有付款的审核工作。

5. 资金归集

资金归集是指通过财务管理或金融手段来积聚专项资金。根据不同的划分角度，可将资金归集划分为定余额归集、定额归集和定比例归集。在项目租赁中，资金归集是指租赁公司、承租人及银行共同签署资金归集协议，借助银行系统，将账户资金按照事先约定的原则划转到约定的核心账户的行为。资金归集是为了控制承租人资金使用，保障租赁公司投放资金安全。

（1）按照归集资金金额分类。

①定余额归集。

定余额归集，是指按照协议约定由银行通过资金归集系统将承租人被归集账户资金余额控制在一个既定值，被归集账户资金一旦超过既定值，则超过该既定值的资金将全部归集至租赁公司账户。定余额归集一般适用于承租人的日常资金备付需要保留一个最低的资金规模的情况。

②定额归集。

定额归集，是指按照协议约定由银行通过资金归集系统将承租人归集资金控制在一个既定值，即每次按照这个既定值将承租人被归集账户资金归集至租赁公司账户。

③定比例归集。

定比例归集，是指按照协议约定由银行通过资金归集系统将归集资金控制在一个既定的归集比例，即每次按照这个归集比例将承租人被归集账户资金归集至租赁公司账户。

（2）按照归集资金时间分类。

①实时归集。

实时归集，是指按照协议约定由银行通过资金归集系统将约定的归集资金从承租人被归集账户实时归集至租赁公司账户。

②整点归集。

整点归集，是指按照协议约定由银行通过资金归集系统将约定的归集资金从承租人被归集账户整点归集至租赁公司账户，整点指时间为整数的某一时刻，即每一个整数时间。

6. 提前偿还债务

出租人所收取的每期费用是租金，具体又分为租赁本金、租赁利息，计算方式是根据租赁物价款金额，结合租赁利率和租赁期限来计算，属于固定收益性质的融资工具（即使融资租赁合同约定，租赁利率随着央行同步调整，也是固定收益，因其收益计算方式确定）。

提前偿付是指承租人在到期日之前全部或部分偿还租金余额。提前偿付使资产未来现金流具有很大的不确定性。对于项目租赁而言，提前归还款项性质在没有约定或约定不明情况下，结合利息性质，一般先认定为到期利息，剩余款项可抵扣本金，对于抵扣之后的本金部分，承租人还需按照合同约定的利息计算方式继续归还剩余本息。

第四节　资产风险分类

1. 资产分类标准

租赁公司在进行资产风险管理之前需要制定资产分类标准，按标准对资产质量进行风险级别分类。租赁资产质量分类时可依据承租人信用状况、租赁资产价值信息等，对承租人的以下情况进行分析：资信状况和偿债能力，最近一期资产负债表、损益表、现金流量表及相关财务分析资料，有关合同和协议，租赁物的市场价格变化信息，资产价值及相关税费的估算，各种对租赁资产风险情况的跟踪检查记录，承租人租金偿付记录、信用记录，与其他银行或债权人往来咨询、联系的信函，内部责任落实情况，等等。

目前租赁资产按资产质量可以分为五类。

（1）正常类。

若承租人能够履行合同，没有足够理由怀疑应收租金不能按时足额收回，可以划分到正常类资产，具体标准参照各租赁公司内部制定的管理办法进行评级。

（2）关注类。

承租人目前有债务偿还能力，但存在一些可能对应收租金产生不利影响的因素，可分类为关注类资产。

（3）次级类。

承租人的债务偿还能力出现明显问题，完全依靠其正常经营收入无法足额偿还租金，可能造成应收租金的一定损失；同时实物租赁资产价值有劣变波动，或由于宏观不确定原因导致回收可能出现困难，或变现可能会造成一定损失。

（4）可疑类。

承租人无法足额偿还租金，会造成应收租金的较大损失；同时实物租赁资产价值劣变波动较大，或由于宏观不确定原因导致回收出现较大困难，或变现将造成较大损失。

（5）损失类。

在采取所有可能的措施或一切必要的法律程序之后，租赁资产及收益仍无法收回，或只能收回极少部分。

2. 资产分类管理

租赁公司通过对资产的分类，将资产分为五大类进行管理，不但能够揭示租赁资产的实际价值和风险程度，从而真实、全面、动态地反映租赁资产的质量，而且能够发现租赁资产在管理中存在的问题，为加强租赁业务的风险管理，以及判断租赁资产损失情况、计提损失准备金等提供依据。

在分类管理过程中，注意分类的认定程序以及动态调整相关分类的因素和频率等，从而做到认定准确、动态管理科学，最终实现出租人权利的有效保障。

第五节　资产处置

1. 租赁期满资产处置

（1）续租。

承租人延续租赁期。

（2）留购。

融资租赁合同不同于一般的租赁合同，在一般租赁合同期限届满以后，返还租赁物是承租人不可逃避的义务，而在融资租赁合同中，承租人却可对租赁物的归属有选择权，承租人可支付一定的留购价格取得租赁物的所有权，承租人付出的对价要远小于租赁资产在租赁期满时的公允价值。

（3）退回。

承租人按合同约定，在租赁期满结束合同，租赁资产归出租人处置。

2. 租赁未到期正常资产处置

（1）提前回收。

提前回收，是指在租赁存续期内，客户分批或一次性将剩余租赁本金及利息偿还至租赁公司，从而使租赁业务提前结清。提前回收使租赁公司将未来期限内的租金变现，能有效规避承租人或担保人经营情况恶化可能带来的逾期风险，在有效改善自身的流动性的同时保障资产安全；对主动提前还款的承租人而言能起到改善负债结构、降低财务成本的作用，但对被动提前还款的承租人而言将会进一步恶化财务状况、冲击其流动性。

提前回收主要发生在以下五种情形下：

①承租人信用较好，融资渠道较为通畅，当整体资金面宽松、融资成本下行时，承租人基于财务成本考虑，可能希望用低成本的债券、银行或其他渠道融资，来置换前期高成本的融资租赁，从而向租赁公司申请提前还款。

②承租人经营计划出现变化，对外投资延后或暂停，资金需求量减少，导致前期融入的资金出现闲置，为优化存量债务结构，选择部分高成本或短期限融资进行优先偿还。

③在租赁期过半或整体租金偿还大部分时，租赁公司对租赁物及抵质押物的占有依然是租赁投放时的状态，承租人基于租赁物和担保资源占用的考虑，有动力提前还款，以获取新的更大额度融资。

④租赁公司一般负债久期短于资产久期，天然存在期限错配带来的流动性风险，在资金面趋紧、投放大幅增加或者逾期项目骤增时，租赁公司自身的流动性将面临挑战，此时协调部分优质承租人还款，提前回收大额未到期租金，将有效缓解租赁公司的流动性压力。

⑤对于部分当前分类为正常或关注类资产，若承租人有经营、财务状况恶化的倾向，或出现重大投资、大额诉讼及其他负面舆情，租赁公司基于风险防控的考虑，依照租赁合同宣布触发违约条件，从而要求或施加压力使承租人加速清偿未到期债务，从而在承租人未实际发生逾期，但风险已暴露的情况下，租赁公司得以超前行动，提前回收资金，保障自身安全。

提前回收实务操作中，须注意如下四点：

①一般融资租赁合同中都会就提前还款做出相关约定，要求承租人提前一定时间（譬如30个工作日）向租赁公司发出书面申请，征得出租人书面同意后方可提前还款，承租人须提前准备。

②租赁公司与承租人应就提前偿还租金进行积极磋商，就提前偿还时间、回购价款安排、手续费及保证金处理、合同签署、担保解除等事项达成一致意见。对于承租人主动提前还租情形，承租人将承担因手续费已于放款前一次性支付、租赁期限缩短而导致整体项目融资成本提高的风险；对于出租人请求承租人配合提前还款情形，出租人一般在手续费方面需给予承租人一定的减免或补偿。

③承租人偿还相关款项后，租赁公司须及时撤销关于租赁物的中登网登记，释放前期质押的应收账款或收费权等，配合承租人办理房产、设备等的抵押登记，便于承租人用于新的融资。

④对于前期针对项目租赁专门开立的银行监管账户，在租赁业务提前结清后，租赁公司要配合承租人及时办理销户手续等。

（2）资产转让。

近年来，随着融资租赁行业竞争不断加剧，客观上推动各家租赁公司必须寻找传统模式以外的新型产品和新的扩张模式，将其他租赁同业作为资产来源。特别是部分具备资金优势、扩张欲望强烈，但受限于资产渠道，规模尚未完全展开的大中型金融租赁公司，更是将同业业务看作极具发展潜力的创新业务。从实际效果看，同业业务的快速发展缓解了资产规模的增长压力。大型租赁公司与中小型租赁公司，金融租赁公司与融资租赁公司，历史悠久、经营稳健的公司与行业新贵之间，必然存在公开市场信用等级的差别，融资能力和融资成本也因此出现不均匀的状态。对于资产获取能力强，但短期无法突破低成本资金渠道的租赁公司来说，用优质资产换取低成本资金是一个不错的选择。这也就打破了劣质租赁资产卖出的传统逻辑，使得租赁同业市场具备了吸引各家机构参与的资产基础。

与此同时，由于融资租赁资产天然叠加了债权和物权的双重权益，通用性较强，更能变现和规避风险，银行、信托、券商等对租赁债权资产的认可度大幅提高。随着融资租赁行业的蓬勃发展，租赁保理、租赁资产证券化等业务更是风生水起，租赁资产的标准化程度正在不断提升，有效降低了租赁资产转让的门槛，提升了租赁资产转让的效率。租赁公司可通过银行无追索权租赁保理、出表型 ABS 或 ABN 实现租赁资产的洁净转出。

对于资产转让方，资产转让可实现：①优化租赁资产结构，实现更符合公司战略的业务调整；②开辟资金来源新渠道，通过盘活存量资产，加速资金周转，促进流动性管理；③释放资本金空间，卖断存量资产，开拓增量业务；④放大资金杠杆，通过资产转出实现资产出表，资金杠杆可成倍放大，在不增加注册资本金的情况下依然实现健康发展；⑤降低资产的流动性风险等。

对于资产受让方，资产转让可实现：①实现资产规模的稳定与扩张，优化公司业绩，适用于资产荒时期或新成立且具资金实力的租赁公司；②通过买入进行资产配置，创造新的收入增长点；③为第三方交易平台提供高标准、低风险、信用评级优良的金融产品渠道。

项目租赁中，项目的独立性及出租人对项目的把控程度决定了资产转让更加便利。

目前，租赁资产转让主要有如下四种模式：

①“租赁+租赁”转让模式。

作为出租人的租赁公司有融资需求，在取得承租人同意的前提下，将租赁资产直接转让给其他租赁公司，买卖双方租赁公司间签署资产转让协议，完成资产过户，承租人向作为受让方的租赁公司定期支付租金。

②“租赁+信托”转让模式。

信托公司以融资租赁资产的应收租金为标的，发行融资租赁资产收益权信托计划，出售给信托投资者（可为个人或银行理财资金），信托投资者在信托计划存续期内享有融资租赁资产的收益权，信托公司将募集的资金交付给融资租赁公司，用以抵销其资产负债表上相应项目产生的负债，从而实现表外融资。

③“租赁+保理”转让模式。

租赁公司与银行（或保理公司）签订保理合同，将租赁资产的应收租金债权转让给银行，租赁公司从银行（或保理公司）获取约定比例融资，同时，承租人向银行（或保理公司）分期支付租金。

④租赁资产证券化模式。

租赁公司将持有的不同期限、金额的租赁债权，打包出售给证券公司、信托公司或基金子公司等设立的 SPV，并继续担任资产管理人负责租赁资产的租后管理工作，证券公司、信托公司或基金子公司等基于这些租赁债权，发行资产支持债券，分批出售给投资者。

3. 不良资产处置

租赁公司的不良资产指的是：租赁公司投放租赁款后，因承租人或其主要股东的经营、财务状况发生重大变故，不能按时、足额偿付租赁本金或利息，处于逾期、呆滞、呆账状态，且承租人可能面临企业倒闭或进行其他方式的债务重组，租赁公司须将贷款风险分类下调至关注类以下的（包括次级、可疑和损失）租赁资产。

不良资产给租赁公司的债权安全或声誉造成重大不利影响，租赁公司可通过常规清收、依法追债、债权重整、资产转让、债务减免等各种常用手段，实现不良租赁资产的清收处置，尽可能挽回损失。

（1）常规清收。

租赁逾期达到一定天数后，对于尚有还款意愿，但缺乏足够还款能力的承租人客户，租赁公司在对债权进行安全性评估后，继续与承租人、担保人积极协商，利用各种非诉讼的催收手段，督促承租人、担保人及其他还款义务人偿还债务，具体清收方式包括协商还款、电话催收、驻点催收、信函（含公证送达）催收等方式。

常规清收作为租赁公司不良资产清收的一种主要手段，具备成本低、操作技术难度不高的优势。鉴于大部分融资方并非主观恶意逃废租赁公司债务，采用常规清收手段可以把对融资方的影响降到最低，能够确保在有效维护与融资人关系的基础上取得清收处置效益最大化。常规清收手段的弊端在于：清收处置的效果主要取决于融资方的还款意愿和还款能力，如果融资方的还款意愿产生变化，就不得不采取其他清收手段；同时，常规清收手段的基础在于融资方借款单一或其他租赁公司不会采取法律诉讼，可变因素较多，需时刻关注并调整清收策略。

催收期内，可密切关注承租人、担保人的经营现金流、资金筹措、债务偿还、涉诉等进展情况，维护好与债务单位关键人员的关系，避免因双方对立情绪影响债务偿还，积极为其出谋划策，帮其走出短暂困境，并在客户有限资金条件下尽力争取优先偿还序位。同时，要仔细梳理存量债权及增信措施落实情况，确保有效资产能完全覆盖其债务，确保承租人负债结构简单、其他租赁公司不会采取法律行动。

在常规清收操作中，要注意如下五点：

①准确清查承租人/担保人的资产和负债情况，评估资产价值，分析负债结构，了解其他租赁公司的清收动向。

②保持对承租人/担保人的催收力度和频度，原则上应每季度送达一次催收函，收取回执后归档，并根据实际情况增加催收频度。

③对尚处于正常经营的债务方，原则上应每季度现场核查其生产经营状况和租赁物、抵押物的存续状况，如出现重大风险事项或变化，应及时核实并采取相应控制措施。

④应尽早协商债务清偿方案并付诸实施。

⑤协商追加担保、抵质押或其他增信措施。

（2）依法追债。

依法追债是指公司就到期未受清偿的债权，依法向管辖法院（或仲裁机构）提交诉讼、仲裁、申请支付令或执行公证债权文书等，通过管辖法院（或仲裁机构）的判决（或裁决）、裁定，确立债权的合法性，依据判决书或裁定书收回债权，或者依靠强制执行程序（含和解）收回债权的清收处置方式。

①民事诉讼：搜集承租人及担保人的银行存款、房产、土地使用权、股权、设备、应收账款、专利权等财产信息，向管辖地人民法院申请财产保全，冻结债务方的银行账户及相关财产，对其生产、经营造成一定程度的影响，以诉促谈，迫使债务方接受租赁公司提出的租金清收方案。在承租人仍无法偿付租金时，租赁公司依法向法院提起诉讼，经法院立案受理、审理、开庭、判决、执行等程序，由法院判定承租人偿还租金及罚息等，并要求担保人履行担保义务。

②民商事仲裁：指公司与承租人根据订立的仲裁协议或仲裁条款，自愿将其合同纠纷和其他财产权益纠纷提交由非官方身份的仲裁员组成的仲裁庭进行裁判，裁判约束债务方偿还租金。

③执行公证债权文书：指债务方不履行或不适当履行经公证的以给付为内容并载明债务方愿意接受强制执行的承诺的债权文书时，公司向原公证机关申请执行证书，并凭原公证书及执行证书依法向有管辖权的人民法院申请执行。经管辖法院审查该公证债权文书无误的，依法启动强制执行程序。

④直接向法院申请实现担保物权：为快速实现担保物权，公司（担保物权人）向担保财产所在地或者担保物权登记地基层人民法院提出直接申请实现担保物权，请求人民法院拍卖或者变卖担保物权。

依法追债是不良资产清收的一种常见手段，能及时有效地保护公司的合法权益，在目前市场经济环境下，如承租人/担保人有意“拖、赖”不还，甚至恶意逃废债务，公司很难运用经济、行政手段解决，而法律由于其特定的权威性、强制性、抗干扰性等特点，可以公平、公正、合理地处理债务纠纷；同时，依法收贷能迅速、准确地控制承租人/担保人的有效资产，防止承租人/担保人采取各种手段转移、藏匿自身财产。

依法追债最大的弊端在于结果的不可控制性，由于目前的司法环境和地方保护主义，依法追债工作常遇到“不受理、不判决、不执行”等尴尬局面，也经常出现“赢了官司输了钱”的不正常现象，这些情况的改变是整个社会的系统工程，而非租赁公司单方面能力所及；依法追债过程中涉及的部门较多（如法院、评估机构、拍卖机构等）、流程较长，必然导致依法收贷耗费时间较长、成本较高。

在依法追债清收操作中，要注意如下几点：

①发现客户涉及债务纠纷的，要及时采取有效措施防范风险。为尽可能控制承租人/担保人的有效资产及其处分的主动权，防止其转移或恶意处分财产，在提交诉讼（或仲裁）时应及时向管辖法院申请财产保全，必要时采取诉前保全，力争首封，掌握资产处置权。

②诉讼前应完整收集并向法院提交证据材料，同时密切跟进诉讼审理进程，尽早取得生效的法律文书，以确立债权的合法性。

③依据生效法律文书要求严格监督债务方/担保人在规定时间内履行清偿义务或依法申请强制执行。

④在诉讼及执行过程中要密切关注法院查封、扣押、冻结被执行人资产的有效期及效力情况，及时申请续期或采取相关措施。

（3）债权重整。

租赁债权重整是租赁公司清收处置的主要手段之一，系指在承租人发生及租赁公司预见其可能发生不能按时偿还租金的情况时，为维护债权或减少损失、支持承租人可持续发展，在切实加强风险防范的前提下，通过与承租人达成修改租金偿还安排的协议，对承租人、租赁期限、还款节奏、担保措施等合同要素进行调整。对金融租赁公司而言，在租赁债权重整业务中，由于承租人财务状况恶化，或无力还款而对租赁合同还款条款做出调整的债权重整业务应依据银监会《贷款风险分类指引》确认为贷款重组业务。

债权重整的方式主要包括但不限于调整还款安排、展期、借新还旧、债务主体置换、调整担保方式等。

①调整还款安排指更改租赁期限，在预计还款现金流匹配的情况下，重新安排分期还租期数和分期还租金额。

②展期指根据承租人未来可偿还租金的现金流情况调整还租期限，允许承租人全部或部分延期偿还。

③借新还旧指在租金到期不能按时收回的情况下，租赁公司与承租人订立协议，向承租人投放新的租赁款，并定向用于归还租赁公司部分或全部已有租赁款。

④债务主体置换指由新承租人承接原承租人的租金偿还义务。

⑤调整担保方式是指通过增加或更换担保人、抵（质）押品保障第二还款来源。

债权重整是银行等金融机构采用较多的债权清收方法，也在租赁行业得到较好的普及。在客户遇到困难时，通过适当的债权重整，既缓解承租人的短期偿债压力，给予其一定的宽限期，支持其继续经营、创造现金流，又能为租赁公司后续清收创造更有利的条件，如能追索更多有效资产、获得更有利的诉讼地位等，真实有效地降低授信风险。债权重整方案一般情况下不减免原承租人、担保人和其他还款义务人的责任，而是立足于还款义务人范围扩大或担保措施更加完善。若承租人存在逃废债务或恶意欠息、参与民间借贷、进入破产程序、严重资不抵债或濒临破产等情形，则不能采用债权重整的清收方式。

租赁债权重整后，须继续加强租后管理：

①债权重整方案经批准后要严格按照审批条件操作。

②如债权重整后债权人发生变更的，新债权人所属单位要明确与原经营单位责任分工，并签订书面协议，做好债权重整后新债权的监管工作，防止发生新的风险。

③租后管理机构要通过非现场监测和现场检查，加强对重整债权管理的监督，定期分析租赁风险和租赁资产质量情况，及时做好风险预警。对债权

重整后仍不能按期还本付息的业务，要积极运用法律及其他手段清收。

（4）资产转让。

资产转让是租赁债权清收处置的重要手段之一，指租赁公司为实现债权，在合法、合规和自愿基础上，以公允价格将租赁公司债权转让给第三方的行为。对于以正常催收、诉讼、重整等传统手段难以在短期内实现处置收回的问题及不良资产，可以考虑以资产转让方式进行处置。应多方寻找不良资产收购机构，科学设计转让方式和交易结构，提高效率，降低成本，实现处置回收价值最大化。

不良资产转让包括拍卖、竞标、竞价转让和协议转让等方式。当采用拍卖、竞标、竞价等公开处置方式在经济上不可行，或不具备采用拍卖、竞标、竞价等公开处置方式的条件时，可采用协议转让方式处置，同时应透明操作，及时记录，切实防范风险。转让资产时，原则上要求一次性付款。确需采取分期付款方式的，应将付款期限、次数等条件作为确定转让对象和价格的因素，在落实有效履约保障措施后，方可向受让人移交部分或全部资产权证。

资产转出前，要对不良资产进行深入排查，通过审阅不良资产档案和现场调查等方式，客观、公正地反映不良资产状况，充分披露资产风险；采取科学的估值方法，预测不良资产回收情况，合理估算资产价值，作为资产转让定价的依据；制订的转让方案应对资产状况、尽职调查情况、估值的方法和结果、转让方式、邀请或公告情况、受让方的确定过程、履约保证和风险控制措施、预计处置回收和损失、费用支出等进行阐述和论证。

在签署的资产转让协议中，应明确约定交易基准日、转让标的、转让价格、付款方式、付款时间、收款账户、资产清单、资产交割日、资产交接方式、违约责任等条款，以及有关资产权利的维护、担保权利的变更、已起诉和执行项目主体资格的变更等具体事项。

自交易基准日至资产交割日的过渡期内，租赁公司要继续负责转让资产的管理和维护，避免出现管理真空以致丧失诉讼时效等相关法律权利。过渡期内由于租赁公司的原因造成债权诉讼时效丧失所形成的损失，将由租赁公司承担。

（5）债务减免。

债务减免是租赁公司对公清收处置的主要辅助手段之一，系指在承租人、担保人无力偿还租赁公司全部债务或租赁公司以快速处置收回为目的情况下，为实现租赁公司债权，对承租人债务进行减免，包括减免罚息、利息、本金以及诉讼费用等的行为。

实施债务减免须坚持“有利清收，快速处置；方案择优，先还后免；严格操作，集中审批”的基本原则。

①有利清收，快速处置：实施债务减免应坚持有利于转化盘活不良资产，有利于降低不良资产风险，有利于清收处置。通过实施债务减免达成快速处置收回的目的。

②方案择优，先还后免：实施债务减免要经过科学论证，防范为单纯降低不良率、不计成本、为减免而减免的盲目减免。要规避影响长期效益的短期行为，择优方案，力求以最少投入获取最大收益。在债务减免申报得到批准后，要在承租人先履行还款责任后再实施债务减免。

③严格操作，集中审批：实施债务减免要严格管理，规范操作，集中审批。按规定程序和审批权限办理，防范道德风险。一般对关注债权、正常债权，还有抵质押物或其他有效资产未处置的债权不予减免。

参考文献

[1] 廖岷，林谦，等. 中国金融租赁制度研究 [M]. 北京：中国金融出版社，2017.

[2] 孔永新，孙路，密书广. 美国融资租赁公司盈利模式分析及对中国的启示 [J]. 投资研究，2012 (12)：3-9.

[3] 张稚萍. 中国融资租赁业的发展和特点 [J]. 国际经济合作，1994 (9)：22-24.

[4] 苏迪尔·阿曼波. 国际租赁完全指南 [M]. 李命志，等，译. 北京：北京大学出版社，2007.

[5] T. M. 克拉克. 租赁 [M]. 罗真端，李增德，汤秀珍，译. 北京：物资出版社，1978.

[6] 袁国宝. 新基建：数字经济重构经济增长新格局 [M]. 北京：中国经济出版社，2020.

[7] 谢军蓉. 从租赁准则适用范围的修订，看租赁物应该具备的特征 [J]. 冶金财会，2018 (8)：19-22.

[8] 马小南. 交通基础设施项目融资租赁模式研究 [J]. 理论与改革，2014 (2)：108-112.

[9] 张博，韩复龄. 法律界限、选择标准与融资租赁标的物创新 [J]. 华东理工大学学报（社会科学版），2017 (5)：73-79.

[10] 李新民. 融资租赁实务 [M]. 澳门：人民科学出版社，2020.

[11] 郁苗. 新型基础设施建设投融资模式研究 [J]. 金融纵横，2020 (4)：82-87.

[12] 彭修刚. 不良资产处置路径探析——以融资租赁为视角 [J]. 财经界（学术版），2020 (2)：27-28.

[13] White clarke group global leasing report [EB/OL]. https://www.assetfinanceeurope.com/index.php/digitalisation/wcg-blog/19233-download-the-global-leasing-report-for-2020-is-released，2020-03-03.

附　录

金融租赁公司管理办法

第一章　总　则

第一条　为促进融资租赁业务发展，规范金融租赁公司的经营行为，根据《中华人民共和国银行业监督管理法》《中华人民共和国公司法》等法律法规，制定本办法。

第二条　本办法所称金融租赁公司，是指经银监会批准，以经营融资租赁业务为主的非银行金融机构。

金融租赁公司名称中应当标明“金融租赁”字样。未经银监会批准，任何单位不得在其名称中使用“金融租赁”字样。

第三条　本办法所称融资租赁，是指出租人根据承租人对租赁物和供货人的选择或认可，将其从供货人处取得的租赁物按合同约定出租给承租人占有、使用，向承租人收取租金的交易活动。

第四条　适用于融资租赁交易的租赁物为固定资产，银监会另有规定的除外。

第五条　本办法所称售后回租业务，是指承租人将自有物件出卖给出租人，同时与出租人签订融资租赁合同，再将该物件从出租人处租回的融资租赁形式。售后回租业务是承租人和供货人为同一人的融资租赁方式。

第六条　银监会及其派出机构依法对金融租赁公司实施监督管理。

第二章　机构设立、变更与终止

第七条　申请设立金融租赁公司，应当具备以下条件：

（一）有符合《中华人民共和国公司法》和银监会规定的公司章程；

（二）有符合规定条件的发起人；

（三）注册资本为一次性实缴货币资本，最低限额为1亿元人民币或等值的可自由兑换货币；

（四）有符合任职资格条件的董事、高级管理人员，并且从业人员中具有金融或融资租赁工作经历3年以上的人员应当不低于总人数的50%；

（五）建立了有效的公司治理、内部控制和风险管理体系；

（六）建立了与业务经营和监管要求相适应的信息科技架构，具有支撑业务经营的必要、安全且合规的信息系统，具备保障业务持续运营的技术与措施；

（七）有与业务经营相适应的营业场所、安全防范措施和其他设施；

（八）银监会规定的其他审慎性条件。

第八条　金融租赁公司的发起人包括在中国境内外注册的具有独立法人资格的商业银行，在中国境内注册的、主营业务为制造适合融资租赁交易产品的大型企业，在中国境外注册的融资租赁公司以及银监会认可的其他发起人。

银监会认可的其他发起人是指除符合本办法第九条至第十一条规定的发起人以外的其他境内法人机构和境外金融机构。

第九条　在中国境内外注册的具有独立法人资格的商业银行作为金融租赁公司发起人，应当具备以下条件：

（一）满足所在国家或地区监管当局的审慎监管要求；

（二）具有良好的公司治理结构、内部控制机制和健全的风险管理体系；

（三）最近1年年末总资产不低于800亿元人民币或等值的可自由兑换货币；

（四）财务状况良好，最近2个会计年度连续盈利；

（五）为拟设金融租赁公司确定了明确的发展战略和清晰的盈利模式；

（六）遵守注册地法律法规，最近2年内未发生重大案件或重大违法违规行为；

（七）境外商业银行作为发起人的，其所在国家或地区金融监管当局已经与银监会建立良好的监督管理合作机制；

（八）入股资金为自有资金，不得以委托资金、债务资金等非自有资金入股；

（九）承诺5年内不转让所持有的金融租赁公司股权、不将所持有的金融租赁公司股权进行质押或设立信托，并在拟设公司章程中载明；

（十）银监会规定的其他审慎性条件。

第十条 在中国境内注册的、主营业务为制造适合融资租赁交易产品的大型企业作为金融租赁公司发起人，应当具备以下条件：

（一）有良好的公司治理结构或有效的组织管理方式；

（二）最近1年的营业收入不低于50亿元人民币或等值的可自由兑换货币；

（三）财务状况良好，最近2个会计年度连续盈利；

（四）最近1年年末净资产不低于总资产的30%；

（五）最近1年主营业务销售收入占全部营业收入的80%以上；

（六）为拟设金融租赁公司确定了明确的发展战略和清晰的盈利模式；

（七）有良好的社会声誉、诚信记录和纳税记录；

（八）遵守国家法律法规，最近2年内未发生重大案件或重大违法违规行为；

（九）入股资金为自有资金，不得以委托资金、债务资金等非自有资金入股；

（十）承诺5年内不转让所持有的金融租赁公司股权、不将所持有的金融租赁公司股权进行质押或设立信托，并在拟设公司章程中载明；

（十一）银监会规定的其他审慎性条件。

第十一条 在中国境外注册的具有独立法人资格的融资租赁公司作为金融租赁公司发起人，应当具备以下条件：

（一）具有良好的公司治理结构、内部控制机制和健全的风险管理体系；

（二）最近1年年末总资产不低于100亿元人民币或等值的可自由兑换货币；

（三）财务状况良好，最近2个会计年度连续盈利；

（四）遵守注册地法律法规，最近2年内未发生重大案件或重大违法违规行为；

（五）所在国家或地区经济状况良好；

（六）入股资金为自有资金，不得以委托资金、债务资金等非自有资金入股；

（七）承诺5年内不转让所持有的金融租赁公司股权、不将所持有的金融租赁公司股权进行质押或设立信托，并在拟设公司章程中载明；

（八）银监会规定的其他审慎性条件。

第十二条 金融租赁公司至少应当有一名符合第九条至第十一条规定的发起人，且其出资比例不低于拟设金融租赁公司全部股本的30%。

第十三条 其他境内法人机构作为金融租赁公司发起人，应当具备以下条件：

（一）有良好的公司治理结构或有效的组织管理方式；

（二）有良好的社会声誉、诚信记录和纳税记录；

（三）经营管理良好，最近2年内无重大违法违规经营记录；

（四）财务状况良好，且最近2个会计年度连续盈利；

（五）入股资金为自有资金，不得以委托资金、债务资金等非自有资金入股；

（六）承诺5年内不转让所持有的金融租赁公司股权，不将所持有的金融租赁公司股权进行质押或设立信托，并在公司章程中载明；

（七）银监会规定的其他审慎性条件。

其他境内法人机构为非金融机构的，最近1年年末净资产不得低于总资产的30%；

其他境内法人机构为金融机构的，应当符合与该类金融机构有关的法律、法规、相关监管规定要求。

第十四条 其他境外金融机构作为金融租赁公司发起人，应当具备以下条件：

（一）满足所在国家或地区监管当局的审慎监管要求；

（二）具有良好的公司治理结构、内部控制机制和健全的风险管理体系；

（三）最近1年年末总资产原则上不低于10亿美元或等值的可自由兑换货币；

（四）财务状况良好，最近2个会计年度连续盈利；

（五）入股资金为自有资金，不得以委托资金、债务资金等非自有资金入股；

（六）承诺5年内不转让所持有的金融租赁公司股权、不将所持有的金融租赁公司股权进行质押或设立信托，并在公司章程中载明；

（七）所在国家或地区金融监管当局已经与银监会建立良好的监督管理合作机制；

（八）具有有效的反洗钱措施；

（九）所在国家或地区经济状况良好；

（十）银监会规定的其他审慎性条件。

第十五条 有以下情形之一的企业不得作为金融租赁公司的发起人：

（一）公司治理结构与机制存在明显缺陷；

（二）关联企业众多、股权关系复杂且不透明、关联交易频繁且异常；

（三）核心主业不突出且其经营范围涉及行业过多；

（四）现金流量波动受经济景气影响较大；

（五）资产负债率、财务杠杆率高于行业平均水平；

（六）其他对金融租赁公司产生重大不利影响的情况。

第十六条 金融租赁公司发起人应当在金融租赁公司章程中约定，在金融租赁公司出现支付困难时，给予流动性支持；当经营损失侵蚀资本时，及时补足资本金。

第十七条 金融租赁公司根据业务发展的需要，经银监会批准，可以设立分公司、子公司。设立分公司、子公司的具体条件由银监会另行制定。

第十八条 金融租赁公司董事和高级管理人员实行任职资格核准制度。

第十九条 金融租赁公司有下列变更事项之一的，须报经银监会或其派出机构批准：

（一）变更公司名称；

（二）变更组织形式；

（三）调整业务范围；

（四）变更注册资本；

（五）变更股权或调整股权结构；

（六）修改公司章程；

（七）变更公司住所或营业场所；

（八）变更董事和高级管理人员；

（九）合并或分立；

（十）银监会规定的其他变更事项。

第二十条　金融租赁公司变更股权及调整股权结构，拟投资入股的出资人需符合本办法第八条至第十六条规定的新设金融租赁公司发起人条件。

第二十一条　金融租赁公司有以下情况之一的，经银监会批准可以解散：

（一）公司章程规定的营业期限届满或者公司章程规定的其他解散事由出现；

（二）股东决定或股东（大）会决议解散；

（三）因公司合并或者分立需要解散；

（四）依法被吊销营业执照、责令关闭或者被撤销；

（五）其他法定事由。

第二十二条　金融租赁公司有以下情形之一的，经银监会批准，可以向法院申请破产：

（一）不能支付到期债务，自愿或债权人要求申请破产的；

（二）因解散或被撤销而清算，清算组发现财产不足以清偿债务，应当申请破产的。

第二十三条　金融租赁公司不能清偿到期债务，并且资产不足以清偿全部债务或者明显缺乏清偿能力的，银监会可以向人民法院提出对该金融租赁公司进行重整或者破产清算的申请。

第二十四条　金融租赁公司因解散、依法被撤销或被宣告破产而终止的，其清算事宜，按照国家有关法律法规办理。

第二十五条　金融租赁公司设立、变更、终止和董事及高管人员任职资格核准的行政许可程序，按照银监会相关规定执行。

第三章　业务范围

第二十六条　经银监会批准，金融租赁公司可以经营下列部分或全部本外币业务：

（一）融资租赁业务；

（二）转让和受让融资租赁资产；

（三）固定收益类证券投资业务；

（四）接受承租人的租赁保证金；

（五）吸收非银行股东 3 个月（含）以上定期存款；

（六）同业拆借；

（七）向金融机构借款；

（八）境外借款；

（九）租赁物变卖及处理业务；

（十）经济咨询。

第二十七条 经银监会批准，经营状况良好、符合条件的金融租赁公司可以开办下列部分或全部本外币业务：

（一）发行债券；

（二）在境内保税地区设立项目公司开展融资租赁业务；

（三）资产证券化；

（四）为控股子公司、项目公司对外融资提供担保；

（五）银监会批准的其他业务。

金融租赁公司开办前款所列业务的具体条件和程序，按照有关规定执行。

第二十八条 金融租赁公司业务经营中涉及外汇管理事项的，需遵守国家外汇管理有关规定。

第四章 经营规则

第二十九条 金融租赁公司应当建立以股东或股东（大）会、董事会、监事（会）、高级管理层等为主体的组织架构，明确职责划分，保证相互之间独立运行、有效制衡，形成科学高效的决策、激励和约束机制。

第三十条 金融租赁公司应当按照全面、审慎、有效、独立原则，建立健全内部控制制度，防范、控制和化解风险，保障公司安全稳健运行。

第三十一条 金融租赁公司应当根据其组织架构、业务规模和复杂程度建立全面的风险管理体系，对信用风险、流动性风险、市场风险、操作风险等各类风险进行有效的识别、计量、监测和控制，同时还应当及时识别和管理与融资租赁业务相关的特定风险。

第三十二条 金融租赁公司应当合法取得租赁物的所有权。

第三十三条 租赁物属于国家法律法规规定所有权转移必须到登记部门进行登记的财产类别，金融租赁公司应当进行相关登记。租赁物不属于需要登记的财产类别，金融租赁公司应当采取有效措施保障对租赁物的合法权益。

第三十四条 售后回租业务的租赁物必须由承租人真实拥有并有权处分。金融租赁公司不得接受已设置任何抵押、权属存在争议或已被司法机关查封、扣押的财产或所有权存在瑕疵的财产作为售后回租业务的租赁物。

第三十五条 金融租赁公司应当在签订融资租赁合同或明确融资租赁业务意向的前提下，按照承租人要求购置租赁物。特殊情况下需提前购置租赁物的，应当与自身现有业务领域或业务规划保持一致，且与自身风险管理能力和专业化经营水平相符。

第三十六条 金融租赁公司应当建立健全租赁物价值评估和定价体系，根据租赁物的价值、其他成本和合理利润等确定租金水平。

售后回租业务中，金融租赁公司对租赁物的买入价格应当有合理的、不违反会计准则的定价依据作为参考，不得低值高买。

第三十七条 金融租赁公司应当重视租赁物的风险缓释作用，密切监测租赁物价值对融资租赁债权的风险覆盖水平，制定有效的风险应对措施。

第三十八条 金融租赁公司应当加强租赁物未担保余值的估值管理，定期评估未担保余值，并开展减值测试。当租赁物未担保余值出现减值迹象时，应当按照会计准则要求计提减值准备。

第三十九条 金融租赁公司应当加强未担保余值风险的限额管理，根据业务规模、业务性质、复杂程度和市场状况，对未担保余值比例较高的融资租赁资产设定风险限额。

第四十条 金融租赁公司应当加强对租赁期限届满返还或因承租人违约而取回的租赁物的风险管理，建立完善的租赁物处置制度和程序，降低租赁物持有期风险。

第四十一条 金融租赁公司应当严格按照会计准则等相关规定，真实反映融资租赁资产转让和受让业务的实质和风险状况。

第四十二条 金融租赁公司应当建立健全集中度风险管理体系，有效防范和分散经营风险。

第四十三条 金融租赁公司应当建立严格的关联交易管理制度，其关联交易应当按照商业原则，以不优于非关联方同类交易的条件进行。

第四十四条 金融租赁公司与其设立的控股子公司、项目公司之间的交易，不适用本办法对关联交易的监管要求。

第四十五条 金融租赁公司的重大关联交易应当经董事会批准。

重大关联交易是指金融租赁公司与一个关联方之间单笔交易金额占金融租赁公司资本净额 5%以上，或金融租赁公司与一个关联方发生交易后金融租赁公司与该关联方的交易余额占金融租赁公司资本净额10%以上的交易。

第四十六条 金融租赁公司所开展的固定收益类证券投资业务，不得超过资本净额的20%。

第四十七条 金融租赁公司开办资产证券化业务，可以参照信贷资产证券化相关规定。

第五章 监督管理

第四十八条 金融租赁公司应当遵守以下监管指标的规定：

（一）资本充足率。金融租赁公司资本净额与风险加权资产的比例不得低于银监会的最低监管要求。

（二）单一客户融资集中度。金融租赁公司对单一承租人的全部融资租赁业务余额不得超过资本净额的30%。

（三）单一集团客户融资集中度。金融租赁公司对单一集团的全部融资租赁业务余额不得超过资本净额的50%。

（四）单一客户关联度。金融租赁公司对一个关联方的全部融资租赁业务余额不得超过资本净额的30%。

（五）全部关联度。金融租赁公司对全部关联方的全部融资租赁业务余额不得超过资本净额的50%。

（六）单一股东关联度。对单一股东及其全部关联方的融资余额不得超过该股东在金融租赁公司的出资额，且应同时满足本办法对单一客户关联度的规定。

（七）同业拆借比例。金融租赁公司同业拆入资金余额不得超过资本净额的100%。

经银监会认可，特定行业的单一客户融资集中度和单一集团客户融资集中度要求可以适当调整。

银监会根据监管需要可以对上述指标做出适当调整。

第四十九条 金融租赁公司应当按照银监会的相关规定构建资本管理体系，合理评估资本充足状况，建立审慎、规范的资本补充、约束机制。

第五十条 金融租赁公司应当按照监管规定建立资产质量分类制度。

第五十一条 金融租赁公司应当按照相关规定建立准备金制度，在准确分类的基础上及时足额计提资产减值损失准备，增强风险抵御能力。未提足准备的，不得进行利润分配。

第五十二条 金融租赁公司应当建立健全内部审计制度，审查评价并改善经营活动、风险状况、内部控制和公司治理效果，促进合法经营和稳健发展。

第五十三条 金融租赁公司应当执行国家统一的会计准则和制度，真实记录并全面反映财务状况和经营成果等信息。

第五十四条 金融租赁公司应当按规定报送会计报表及银监会及其派出机构要求的其他报表，并对所报报表、资料的真实性、准确性和完整性负责。

第五十五条 金融租赁公司应当建立定期外部审计制度，并在每个会计年度结束后的 4 个月内，将经法定代表人签名确认的年度审计报告报送银监会或其派出机构。

第五十六条 金融租赁公司违反本办法有关规定的，银监会及其派出机构应当依法责令限期整改；逾期未整改的，或者其行为严重危及该金融租赁公司的稳健运行、损害客户合法权益的，可以区别情形，依照《中华人民共和国银行业监督管理法》等法律法规，采取暂停业务、限制股东权利等监管措施。

第五十七条 金融租赁公司已经或者可能发生信用危机，严重影响客户合法权益的，银监会依法对其实行托管或者督促其重组，问题严重的，有权予以撤销。

第五十八条 凡违反本办法有关规定的，银监会及其派出机构依照《中华人民共和国银行业监督管理法》等有关法律法规进行处罚。金融租赁公司对处罚决定不服的，可以依法申请行政复议或者向人民法院提起行政诉讼。

第六章 附 则

第五十九条 除特别说明外，本办法中各项财务指标要求均为合并会计报表口径。

第六十条 本办法由银监会负责解释。

第六十一条 本办法自公布之日起施行，原《金融租赁公司管理办法》（中国银行业监督管理委员会令 2007 年第 1 号）同时废止。

融资租赁公司监督管理暂行办法

第一章 总 则

第一条 为落实监管责任，规范监督管理，引导融资租赁公司合规经营，促进融资租赁行业规范发展，根据有关法律法规，制定本办法。

第二条 本办法所称融资租赁公司，是指从事融资租赁业务的有限责任公司或者股份有限公司（不含金融租赁公司）。

本办法所称融资租赁业务，是指出租人根据承租人对出卖人、租赁物的选择，向出卖人购买租赁物，提供给承租人使用，承租人支付租金的交易活动。

第三条 从事融资租赁活动应当遵守法律法规，遵循诚实信用原则和公平原则，不得损害国家利益、社会公共利益和他人合法权益。

第四条 鼓励各地加大政策扶持力度，引导融资租赁公司在推动装备制造业发展、企业技术升级改造、设备进出口等方面发挥重要作用，更好地服务实体经济，实现行业高质量发展。

第二章 经营规则

第五条 融资租赁公司可以经营下列部分或全部业务：

（一）融资租赁业务；

（二）租赁业务；

（三）与融资租赁和租赁业务相关的租赁物购买、残值处理与维修、租赁交易咨询、接受租赁保证金；

（四）转让与受让融资租赁或租赁资产；

（五）固定收益类证券投资业务。

第六条 融资租赁公司的融资行为必须符合相关法律法规规定。

第七条 适用于融资租赁交易的租赁物为固定资产，另有规定的除外。

融资租赁公司开展融资租赁业务应当以权属清晰、真实存在且能够产生收益的租赁物为载体。融资租赁公司不得接受已设置抵押、权属存在争议或已被司法机关查封、扣押的财产或所有权存在瑕疵的财产作为租赁物。

第八条　融资租赁公司不得有下列业务或活动：

（一）非法集资、吸收或变相吸收存款；

（二）发放或受托发放贷款；

（三）与其他融资租赁公司拆借或变相拆借资金；

（四）通过网络借贷信息中介机构、私募投资基金融资或转让资产；

（五）法律法规、银保监会和省、自治区、直辖市（以下简称省级）地方金融监管部门禁止开展的其他业务或活动。

第九条　融资租赁公司进口租赁物涉及配额、许可等管理的，由租赁物购买方或产权所有方按有关规定办理手续，另有约定的除外。

融资租赁公司经营业务过程中涉及外汇管理事项的，应当遵守国家外汇管理有关规定。

第十条　融资租赁公司应当建立完善以股东或股东（大）会、董事会（执行董事）、监事（会）、高级管理层等为主体的组织架构，明确职责分工，保证相互之间独立运行、有效制衡，形成科学高效的决策、激励和约束机制。

第十一条　融资租赁公司应当按照全面、审慎、有效、独立原则，建立健全内部控制制度，保障公司安全稳健运行。

第十二条　融资租赁公司应当根据其组织架构、业务规模和复杂程度，建立全面风险管理体系，识别、控制和化解风险。

第十三条　融资租赁公司应当建立关联交易管理制度，其关联交易应当遵循商业原则，独立交易、定价公允，以不优于非关联方同类交易的条件进行。

融资租赁公司在对承租人为关联企业的交易进行表决或决策时，与该关联交易有关联关系的人员应当回避。融资租赁公司的重大关联交易应当经股东（大）会、董事会或其授权机构批准。

融资租赁公司与其设立的控股子公司、项目公司之间的交易，不适用本办法对关联交易的监管要求。

第十四条　融资租赁公司应当合法取得租赁物的所有权。

第十五条　按照国家法律法规规定租赁物的权属应当登记的，融资租赁公司须依法办理相关登记手续。若租赁物不属于需要登记的财产类别，融资租赁公司应当采取有效措施保障对租赁物的合法权益。

第十六条 融资租赁公司应当在签订融资租赁合同或明确融资租赁业务意向的前提下，按照承租人要求购置租赁物。特殊情况下需要提前购置租赁物的，应当与自身现有业务领域或业务规划保持一致，且与自身风险管理能力和专业化经营水平相符。

第十七条 融资租赁公司应当建立健全租赁物价值评估和定价体系，根据租赁物的价值、其他成本和合理利润等确定租金水平。

售后回租业务中，融资租赁公司对租赁物的买入价格应当有合理的、不违反会计准则的定价依据作为参考，不得低值高买。

第十八条 融资租赁公司应当重视租赁物的风险缓释作用，密切监测租赁物价值对融资租赁债权的风险覆盖水平，制定有效的风险应对措施。

第十九条 融资租赁公司应当加强租赁物未担保余值管理，定期评估未担保余值是否存在减值，及时按照会计准则的要求计提减值准备。

第二十条 融资租赁公司应当加强对租赁期限届满返还或因承租人违约而取回的租赁物的风险管理，建立完善的租赁物处置制度和程序，降低租赁物持有期风险。

第二十一条 融资租赁公司对转租赁等形式的融资租赁资产应当分别管理，单独建账。转租赁应当经出租人同意。

第二十二条 融资租赁公司应当严格按照会计准则等相关规定，真实反映融资租赁资产转让和受让业务的实质和风险状况。

第二十三条 融资租赁公司应当建立资产质量分类制度和准备金制度。在准确分类的基础上及时足额计提资产减值损失准备，增强风险抵御能力。

第二十四条 融资租赁公司按照有关规定可以向征信机构提供和查询融资租赁相关信息。

第二十五条 融资租赁公司和承租人应对与融资租赁业务有关的担保、保险等事项进行充分约定，维护交易安全。

第三章 监管指标

第二十六条 融资租赁公司融资租赁和其他租赁资产比重不得低于总资产的 60%。

第二十七条 融资租赁公司的风险资产总额不得超过净资产的 8 倍。风险资产总额按企业总资产减去现金、银行存款和国债后的剩余资产确定。

第二十八条　融资租赁公司开展的固定收益类证券投资业务，不得超过净资产的20%。

第二十九条　融资租赁公司应当加强对重点承租人的管理，控制单一承租人及承租人为关联方的业务比例，有效防范和分散经营风险。融资租赁公司应当遵守以下监管指标：

（一）单一客户融资集中度。融资租赁公司对单一承租人的全部融资租赁业务余额不得超过净资产的30%。

（二）单一集团客户融资集中度。融资租赁公司对单一集团的全部融资租赁业务余额不得超过净资产的50%。

（三）单一客户关联度。融资租赁公司对一个关联方的全部融资租赁业务余额不得超过净资产的30%。

（四）全部关联度。融资租赁公司对全部关联方的全部融资租赁业务余额不得超过净资产的50%。

（五）单一股东关联度。对单一股东及其全部关联方的融资余额，不得超过该股东在融资租赁公司的出资额，且同时满足本办法对单一客户关联度的规定。

银保监会可以根据监管需要对上述指标作出调整。

第四章　监督管理

第三十条　银保监会负责制定融资租赁公司的业务经营和监督管理规则。

第三十一条　省级人民政府负责制定促进本地区融资租赁行业发展的政策措施，对融资租赁公司实施监督管理，处置融资租赁公司风险。省级地方金融监管部门具体负责对本地区融资租赁公司的监督管理。

第三十二条　地方金融监管部门应当根据融资租赁公司的经营规模、风险状况、内控管理等情况，对融资租赁公司实施分类监管。

第三十三条　地方金融监管部门应当建立非现场监管制度，利用信息系统对融资租赁公司按期分析监测，重点关注相关指标偏高、潜在经营风险较大的公司。省级地方金融监管部门应当于每年4月30日前向银保监会报送上一年度本地区融资租赁公司发展情况以及监管情况。

第三十四条　地方金融监管部门应当建立现场检查制度，对融资租赁公司的检查包括但不限于下列措施：

（一）进入融资租赁公司以及有关场所进行现场检查；

（二）询问有关单位或者个人，要求其对有关检查事项作出说明；

（三）查阅、复制有关文件资料，对可能被转移、销毁、隐匿或者篡改的文件资料，予以先行登记保存；

（四）检查相关信息系统。

进行现场检查，应当经地方金融监管部门负责人批准。现场检查时，检查人员不得少于2人，并应当出示合法证件和检查通知书。有关单位和个人应当配合地方金融监管部门依法进行监督检查，如实提供有关情况和文件、资料，不得拒绝、阻碍或者隐瞒。

第三十五条 地方金融监管部门根据履行职责需要，可以与融资租赁公司的董事、监事、高级管理人员进行监督管理谈话，要求其就融资租赁公司业务活动和风险管理的重大事项作出说明。

第三十六条 地方金融监管部门应当建立融资租赁公司重大风险事件预警、防范和处置机制，制定融资租赁公司重大风险事件应急预案。

融资租赁公司发生重大风险事件的，应当立即采取应急措施，并及时向地方金融监管部门报告，地方金融监管部门应当及时处置。

第三十七条 地方金融监管部门应当建立融资租赁公司及其主要股东、董事、监事、高级管理人员违法经营融资租赁业务行为信息库，如实记录相关违法行为信息；给予行政处罚的，应当依法向社会公示。

第三十八条 融资租赁公司应定期向地方金融监管部门和同级人民银行分支机构报送信息资料。

第三十九条 融资租赁公司应当建立重大事项报告制度，下列事项发生后5个工作日内向地方金融监管部门报告：重大关联交易，重大待决诉讼、仲裁及地方金融监管部门规定需要报送的其他重大事项。

第四十条 地方金融监管部门应当与有关部门建立监督管理协调机制和信息共享机制，研究解决辖内融资租赁行业重大问题，加强监管联动，形成监管合力。

第四十一条 地方金融监管部门应当加强监管队伍建设，按照监管要求和职责配备专职监管员，专职监管员的人数、能力要与被监管对象数量相匹配。

第四十二条 融资租赁行业协会是融资租赁行业的自律组织，是社会团体法人。

依法成立的融资租赁行业协会按照章程发挥沟通协调和行业自律作用，履行协调、维权、自律、服务职能，开展行业培训、理论研究、纠纷调解等活动，配合地方金融监管部门，引导融资租赁公司诚信经营、公平竞争、稳健运行。

第四十三条 地方金融监管部门要通过信息交叉比对、实地走访、接受信访投诉等方式，准确核查辖内融资租赁公司经营和风险状况，按照经营风险、违法违规情形划分为正常经营、非正常经营和违法违规经营等三类。

第四十四条 正常经营类是指依法合规经营的融资租赁公司。地方金融监管部门要对正常经营类融资租赁公司按其注册地审核营业执照、公司章程、股东名单、高级管理人员名单和简历、经审计的近两年资产负债表、利润表、现金流量表及规定的其他资料。

对于接受并配合监管、在注册地有经营场所且如实完整填报信息的企业，省级地方金融监管部门要在报银保监会同意后及时纳入监管名单。

第四十五条 非正常经营类主要是指“失联”和“空壳”等经营异常的融资租赁公司。

“失联”是指满足以下条件之一的融资租赁公司：无法取得联系；在企业登记住所实地排查无法找到；虽然可以联系到企业工作人员，但其并不知情也不能联系到企业实际控制人；连续3个月未按监管要求报送监管信息。

“空壳”是指满足以下条件之一的融资租赁公司：未依法通过国家企业信用信息公示系统报送并公示上一年度年度报告；近6个月监管信息显示无经营；近6个月无纳税记录或“零申报”；近6个月无社保缴纳记录。

地方金融监管部门要督促非正常经营类企业整改。非正常经营类企业整改验收合格的，可纳入监管名单；拒绝整改或整改验收不合格的，纳入非正常经营名录，劝导其申请变更企业名称和业务范围、自愿注销。

第四十六条 违法违规经营类是指经营行为违反法律法规和本办法规定的融资租赁公司。违法违规情节较轻且整改验收合格的，可纳入监管名单；整改验收不合格或违法违规情节严重的，地方金融监管部门要依法处罚、取缔或协调市场监管部门依法吊销其营业执照，涉嫌违法犯罪的及时移送公安机关依法查处。

第四十七条 省级地方金融监管部门要与市场监管部门建立会商机制，严格控制融资租赁公司及其分支机构的登记注册。融资租赁公司变更公司名称、组织形式、公司住所或营业场所、注册资本、调整股权结构等，应当事先与省级地方金融监管部门充分沟通，达成一致意见。

第五章 法律责任

第四十八条 融资租赁公司违反法律法规和本办法规定，有关法律法规有处罚规定的，依照其规定给予处罚；有关法律法规未作处罚规定的，地方金融监管部门可以采取监管谈话、出具警示函、责令限期改正、通报批评等监管措施；构成犯罪的，依法追究刑事责任。

第四十九条 依照法律法规对融资租赁公司进行处罚的，地方金融监管部门可以根据具体情形对有关责任人员采取通报批评、责令改正、纳入警示名单或违法失信名单等监管措施；法律法规有处罚规定的，依照法律法规予以处罚；构成犯罪的，依法追究刑事责任。

第五十条 融资租赁公司吸收或变相吸收公众存款以及以其他形式非法集资的，依照法律、行政法规和国家有关规定给予处罚；构成犯罪的，依法追究刑事责任。

第六章 附 则

第五十一条 省级人民政府应当依据本办法制定本辖区融资租赁公司监督管理实施细则，视监管实际情况，对租赁物范围、特定行业的集中度和关联度要求进行适当调整，并报银保监会备案。

第五十二条 本办法施行前已经设立的融资租赁公司，应当在省级地方金融监管部门规定的过渡期内达到本办法规定的各项要求，原则上过渡期不超过三年。省级地方金融监管部门可以根据特定行业的实际情况，适当延长过渡期安排。

第五十三条 本办法中下列用语的含义：

（一）关联方可依据《企业会计准则第 36 号——关联方披露》的规定予以认定。

（二）重大关联交易是指融资租赁公司与一个关联方之间单笔交易金额占融资租赁公司净资产 5%以上，或者融资租赁公司与一个关联方发生交易后融资租赁公司与该关联方的交易余额占融资租赁公司净资产 10%以上的交易。

第五十四条 本办法由银保监会负责解释。

第五十五条 本办法自印发之日起施行。本办法施行前有关规定与本办法不一致的，以本办法为准。

中华人民共和国民法典 第三编 第二分编 第十五章 融资租赁合同

第七百三十五条 ［融资租赁合同定义］融资租赁合同是出租人根据承租人对出卖人、租赁物的选择，向出卖人购买租赁物，提供给承租人使用，承租人支付租金的合同。

第七百三十六条 ［融资租赁合同内容和形式］融资租赁合同的内容一般包括租赁物的名称、数量、规格、技术性能、检验方法，租赁期限，租金构成及其支付期限和方式、币种，租赁期限届满租赁物的归属等条款。

融资租赁合同应当采用书面形式。

第七百三十七条 ［融资租赁合同无效］当事人以虚构租赁物方式订立的融资租赁合同无效。

第七百三十八条 ［租赁物经营许可对合同效力影响］依照法律、行政法规的规定，对于租赁物的经营使用应当取得行政许可的，出租人未取得行政许可不影响融资租赁合同的效力。

第七百三十九条 ［融资租赁标的物交付］出租人根据承租人对出卖人、租赁物的选择订立的买卖合同，出卖人应当按照约定向承租人交付标的物，承租人享有与受领标的物有关的买受人的权利。

第七百四十条 ［承租人拒绝受领标的物的条件］出卖人违反向承租人交付标的物的义务，有下列情形之一的，承租人可以拒绝受领出卖人向其交付的标的物：

（一）标的物严重不符合约定；

（二）未按照约定交付标的物，经承租人或者出租人催告后在合理期限内仍未交付。

承租人拒绝受领标的物的，应当及时通知出租人。

第七百四十一条 ［承租人行使索赔权］出租人、出卖人、承租人可以约定，出卖人不履行买卖合同义务的，由承租人行使索赔的权利。承租人行使索赔权利的，出租人应当协助。

第七百四十二条 ［承租人行使索赔权不影响支付租金义务］承租人对出卖人行使索赔权利，不影响其履行支付租金的义务。但是，承租人依赖出租人的技能确定租赁物或者出租人干预选择租赁物的，承租人可以请求减免相应租金。

第七百四十三条 ［索赔失败的责任承担］出租人有下列情形之一，致使承租人对出卖人行使索赔权利失败的，承租人有权请求出租人承担相应的责任：

（一）明知租赁物有质量瑕疵而不告知承租人；

（二）承租人行使索赔权利时，未及时提供必要协助。

出租人怠于行使只能由其对出卖人行使的索赔权利，造成承租人损失的，承租人有权请求出租人承担赔偿责任。

第七百四十四条 ［出租人不得擅自变更买卖合同内容］出租人根据承租人对出卖人、租赁物的选择订立的买卖合同，未经承租人同意，出租人不得变更与承租人有关的合同内容。

第七百四十五条 ［租赁物的所有权］出租人对租赁物享有的所有权，未经登记，不得对抗善意第三人。

第七百四十六条 ［融资租赁合同租金的确定］融资租赁合同的租金，除当事人另有约定外，应当根据购买租赁物的大部分或者全部成本以及出租人的合理利润确定。

第七百四十七条 ［租赁物质量瑕疵担保责任］租赁物不符合约定或者不符合使用目的的，出租人不承担责任。但是，承租人依赖出租人的技能确定租赁物或者出租人干预选择租赁物的除外。

第七百四十八条 ［出租人保证承租人占有和使用租赁物］出租人应当保证承租人对租赁物的占有和使用。

出租人有下列情形之一的，承租人有权请求其赔偿损失：

（一）无正当理由收回租赁物；

（二）无正当理由妨碍、干扰承租人对租赁物的占有和使用；

（三）因出租人的原因致使第三人对租赁物主张权利；

（四）不当影响承租人对租赁物占有和使用的其他情形。

第七百四十九条 ［租赁物致人损害的责任承担］承租人占有租赁物期间，租赁物造成第三人人身损害或者财产损失的，出租人不承担责任。

第七百五十条 ［承租人对租赁物的保管、使用和维修义务］承租人应当妥善保管、使用租赁物。

承租人应当履行占有租赁物期间的维修义务。

第七百五十一条 ［租赁物毁损、灭失对租金给付义务的影响］承租人占有租赁物期间，租赁物毁损、灭失的，出租人有权请求承租人继续支付租金，但是法律另有规定或者当事人另有约定的除外。

第七百五十二条 ［承租人支付租金义务］承租人应当按照约定支付租金。承租人经催告后在合理期限内仍不支付租金的，出租人可以请求支付全部租金；也可以解除合同，收回租赁物。

第七百五十三条 ［出租人解除融资租赁合同］承租人未经出租人同意，将租赁物转让、抵押、质押、投资入股或者以其他方式处分的，出租人可以解除融资租赁合同。

第七百五十四条 ［出租人或承租人解除融资租赁合同］有下列情形之一的，出租人或者承租人可以解除融资租赁合同：

（一）出租人与出卖人订立的买卖合同解除、被确认无效或者被撤销，且未能重新订立买卖合同；

（二）租赁物因不可归责于当事人的原因毁损、灭失，且不能修复或者确定替代物；

（三）因出卖人的原因致使融资租赁合同的目的不能实现。

第七百五十五条 ［承租人承担赔偿责任］融资租赁合同因买卖合同解除、被确认无效或者被撤销而解除，出卖人、租赁物系由承租人选择的，出租人有权请求承租人赔偿相应损失；但是，因出租人原因致使买卖合同解除、被确认无效或者被撤销的除外。

出租人的损失已经在买卖合同解除、被确认无效或者被撤销时获得赔偿的，承租人不再承担相应的赔偿责任。

第七百五十六条 ［租赁物意外毁损灭失］融资租赁合同因租赁物交付承租人后意外毁损、灭失等不可归责于当事人的原因解除的，出租人可以请求承租人按照租赁物折旧情况给予补偿。

第七百五十七条 ［租赁期限届满租赁物归属］出租人和承租人可以约定租赁期限届满租赁物的归属；对租赁物的归属没有约定或者约定不明确，依据本法第五百一十条的规定仍不能确定的，租赁物的所有权归出租人。

第七百五十八条 ［租赁物价值返还及租赁物无法返还］当事人约定租赁期限届满租赁物归承租人所有，承租人已经支付大部分租金，但是无力支付剩余租金，出租人因此解除合同收回租赁物，收回的租赁物的价值超过承租人欠付的租金以及其他费用的，承租人可以请求相应返还。

当事人约定租赁期限届满租赁物归出租人所有，因租赁物毁损、灭失或者附合、混合于他物致使承租人不能返还的，出租人有权请求承租人给予合理补偿。

第七百五十九条 ［支付象征性价款后租赁物归属］当事人约定租赁期限届满，承租人仅需向出租人支付象征性价款的，视为约定的租金义务履行完毕后租赁物的所有权归承租人。

第七百六十条 ［融资租赁合同无效租赁物归属］融资租赁合同无效，当事人就该情形下租赁物的归属有约定的，按照其约定；没有约定或者约定不明确的，租赁物应当返还出租人。但是，因承租人原因致使合同无效，出租人不请求返还或者返还后会显著降低租赁物效用的，租赁物的所有权归承租人，由承租人给予出租人合理补偿。

后　记

2021 年是“十四五”规划的开局之年。“十四五”时期，将加快构建以国内大循环为主体、国内国际双循环相互促进的新发展格局，而高质量发展也已成为融资租赁行业发展的一个关键词。

对于金融租赁行业来讲，2021 年是自《金融租赁公司管理办法》实施以来的第 15 个年头。这 15 年，中国金融租赁行业实现了从小到大，从弱到强的历史性转变。当前，我国经济已由高速增长阶段转向高质量发展阶段。金融租赁行业作为与实体经济紧密相连的金融业态之一，实现自身高质量发展，服务经济高质量发展将是下一阶段的金融租赁行业的核心命题。

中铁建金融租赁有限公司（以下简称中铁金租）于 2016 年 7 月成立，作为国内首家由建筑央企发起成立的金融租赁企业，经过四年多的发展，资产规模快速增长，主要经济指标已跻身国内金融租赁先进行列。特别是在项目租赁领域，依托中国铁建产业背景率先做了一些探索，建立了“以租促销”“以租促揽”“以租促收”“以租代购”“以租带建”的“三促两代（带）”融资租赁服务实体经济模式，积累了一些经验，既有效地解决了租赁业务集中度和客户交易关联度问题，又发挥了融资租赁产业协同效应，促进产融结合有效落地。我们由衷地体会到，“三促两代（带）”是贯彻落实“金融服务实体经济”“租赁业务回归本源”精神最全面、最深入的最佳方案和最有效、最具体的实际行动。

2018 年，中铁金租与全球租赁业竞争力论坛合作开展“融资租赁标的物研究”，课题结题后，成果面向融资租赁全行业正式发布，反响热烈、好评不断。2019 年，双方再次合作，历时一年多完成了“融资租赁业务实务——项目租赁”课题研究。在此基础上，由课题组相关主要研究人员组织策划，组建编写团队，通过多方收集资料和整理大量素材，在各方领导和行业专家的关心与帮助指导下编写完成书稿。

当前，在融资租赁行业快速发展的同时，业内关于“租赁物”“真租赁”

“类信贷”等问题的讨论越来越多，融资租赁业务同质化程度越来越高。由于传统租赁业务模式单一、客户偏好趋同，在逐利本能的驱动下，融资租赁行业竞争激烈，租赁公司拼规模、拼价格，过度滥用“名义租赁物”，以回租为名，行放贷之实。在业务高度同质化的情况下，为了控制风险，融资租赁公司业务偏好趋同，扎堆在同一项目上。在之前市场爆雷的项目中，发现多家或十几家融资租赁公司一起深陷同一项目中的案例并不少见，个别融资租赁公司会提前发现项目风险隐患，及时终止合作，收回剩余款项；而大部分融资租赁公司是在风险进一步扩大后才发现问题，因此只能被动采取资产查封、追债或法律诉讼等措施。租赁公司间的不同只是动手早晚，在客户有效资产上进行轮候；而客户能提出的解决方案也只有申请延期、追加担保，甚至减债降息，项目最终全额清偿非常困难。

业务发展不求面面俱到，关键在于发挥自己的业务特色和竞争力，同时也要能控制风险，只有这样，融资租赁公司才能健康、稳健地发展。项目融资租赁是在传统融资租赁基础上创新和建立起来的一种项目资金综合解决方案。其实质是，为满足承租人项目融资的需求及资产管理的需要，出租人对租赁标的物的选择，从以单项或单台（套）设备转变为以多种设备组合配套或设备与设施配套及相关资产组合构成，主要以项目未来形成收益的现金流为归还租金的资金来源的项目综合资金解决方案。

编写团队结合自身较为充实的从业工作实践和较为经典的真实案例，对项目租赁相关技术和实务作了较为详细的论述与探讨。第二篇对项目租赁进行了概述，从经济转型发展的需要、融资租赁业态更新的需要、租赁物扩容的需要、防控风险的需要等角度剖析了项目租赁的源起；提出了项目租赁是以项目资产为租赁物，以项目收益为租金偿还来源，以项目的股权或所有权为风险保障的融资租赁业务模式的定义，以及交易主体、核心要点等基本概念；重点描述了项目租赁的七大优势，即与实体经济结合更紧密、宜租范围更广泛、租赁标的更独立、运营操作更灵活、盈利收益更突出、风险管控更强力、租后管理更有效；并对项目租赁的承租人、租赁物、交易结构、盈利模式等基本要素进行了阐释；在项目租赁风险管理上，分析了政策、信用、市场、操作、租赁物、建设和项目环保等七个方面风险，介绍了项目前期、中期、后期三个阶段的风险管理方式，提出了切实可行的风险防控措施。第三篇对项目信息管理、立项讨论、评估论证、项目审查、审批决策、签订放款、合同履行、资产监控、资产处置等重点环节进行了全面阐述和分析；并以项目实际案例为参考，以项目租赁全周期顺序为脉络，对项目租赁实务操作进行详细解读，将读者从理论带回实际，以便其更好地理解项目租赁。

项目租赁模式的成功实践，有效拓展了租赁业务渠道，扩大了租赁业务范围，增强了对租赁物和租赁业务风险管控能力，提升了租赁公司运营效率与收益，对协同产业发展、促进产融结合、服务实体经济等方面起到了重要作用。希望本书能为从高速增长向高质量发展转变中的融资租赁行业提供一个转型思路，为广大融资租赁从业人员提供一种产融结合的创新理念与模式参考。但受编著者和编写团队理论水平与实践经验所限，书中难免存在不当甚至错误，还有很多地方需要完善与提升，敬请各位领导、专家、同事和读者批评指正，以期共同推动中国融资租赁高质量发展。

最后，感谢全球租赁业竞争力论坛同仁对本书编写发行做出的巨大贡献，感谢娄文龙行长为本书作序，感谢监管机构相关领导的大力支持，感谢行业内各位专家的指导帮助，感谢编写团队各位成员的辛勤付出！

张国俊

2020 年 10 月